丸山珈琲の

スペシャルティコーヒーと、コーヒーショップの仕事

MARUYAMA
COFFEE
白樺
CHAMBORD

はじめに

「丸山珈琲」の丸山健太郎です。
私は、1991年に軽井沢で自家焙煎コーヒー店を開業し、2000年から本格的にスペシャルティコーヒーを扱いはじめました。現在は、長野県、山梨県、東京都、神奈川県で9店舗を営業しています。丸山珈琲の大きな特徴は、産地から直接生豆を仕入れていることでしょう。私はバイヤーとして、中南米、アフリカ、アジアの産地を回っています。

この十数年でスペシャルティコーヒーの世界はダイナミックに変化し、私はそれを目の当たりにしてきました。2000年ごろから欧米のさまざまな都市で大手スペシャルティコーヒーチェーンに対抗する新しいタイプのロースターが台頭しはじめました。彼らは、フットワーク軽く産地に赴き、生産者とコミュニケーションをとり、高品質なコーヒー豆を、ニューヨーク相場よりもはるかに高価格で買い付けています。彼らのコーヒーを支持する熱狂的なファンを地元に抱え、その成長のスピードには目を見張るものがあります。

02年からスペシャルティコーヒーの品評会であるカップ・オブ・エクセレンスに国際審査員として参加するようになり、審査会で一緒になる欧米のロースターたちと情報交換をする機会が増えました。スペシャルティコーヒーを概念としては理解していたつもりですが、彼らの話を聞き、彼らの店を訪れることで、実際にそれがどのように提供され、お客さまに受け入れられているのかを知り、大きな刺激を受けました。

私は、コーヒーの産地と消費国に、年間で計100～150日出張しています。その目的は、現場で情報を得るためです。産地であれば、その国の政権の交代や新しい法律、買い付けている生産者組合の財政状態、小規模生産者の世代交代など。さまざまな変化がコーヒーの品質に反映されるため、いちはやく情報をつかんで対応しなければなりません。一方、消費国では、新しい抽出器具や販売方法など、ビジネスのヒントがたくさん得られます。

日本でもスペシャルティコーヒーは定着しつつあり、今後も市場は大きくなっていくと思います。欧米のダイナミックな動きを目の当たりにして思うのは、世界と戦って生き残っていくためには、何よりも正しい情報と知識が必要だということ。この本では、目まぐるしく変化するスペシャルティコーヒー業界と、新時代を迎えたコーヒーショップの仕事を伝えられればと思います。

Contents

スペシャルティコーヒーとは何か

「フロム シード トゥ カップ（from seed to cup）」をめざして

丸山珈琲について

column

※本書は、㈱柴田書店刊行のMOOK「café-sweets」の連載記事「世界を巡る！ 丸山健太郎のスペシャルティコーヒー最新事情」（2010年4月～12年3月）、「『丸山珈琲』のコーヒーの仕事」（2014年4月～15年3月）をもとに、新規取材を加えて構成したものです。

撮影／三佐和隆士、長瀬ゆかり（59頁、63頁）
デザイン／矢作裕佳（Sola design）
地図製作／田島浩行
編集／黒木 純

スペシャルティコーヒーとは何か

スペシャルティコーヒーとは、簡潔に言うと、
「生産地の気候や土壌などの特性が抽出液の中に反映された、
高品質のおいしいコーヒー」のこと。
コーヒーの品質は、生産地の標高の高さや粒の大きさで語られることが一般的だが、
スペシャルティコーヒーの場合は、評価基準をカップクオリティ
（抽出したときのコーヒーの風味）においている点が特徴だ。
丸山珈琲でスペシャルティコーヒーを扱うようになったのは2000年から。
「おいしいコーヒーを追求するのなら、
まずいちばんに素材を見直さなければならない」と、丸山珈琲社長の丸山健太郎さん。
高品質の素材を手に入れるには、みずから産地に行き、
その土地の個性を見極め、生産者と信頼関係を築くことが大事。
南米、中米、アフリカ、アジアの産地を精力的に飛び回り、
個性豊かなコーヒーを仕入れている。

CAFETALERA
SK8 BOY

生豆の買付け

生産者との信頼関係を構築する

常時約30品のコーヒー豆をラインアップしている丸山珈琲。そのうち約20品がシングルオリジンで、産地は15ヵ国以上におよぶ。品ぞろえも季節ごとに変わり、年間で約100もの銘柄を扱っているという。その買付けを行っているのが、社長の丸山健太郎さんだ。現在、1年のうち100～150日間を海外でのコーヒー豆の買付けに費やしているという。

丸山さんの年間スケジュールは、以下のとおり。

1月～4月は、グアテマラ、エルサルバドル、ホンジュラス、コスタリカなどの中米の生産国を3～4回（1回につき2～3ヵ国訪問）に分けて訪問するそう。この時期は、コーヒーの収穫期、もしくは収穫直後。毎年、つき合いのある農園を回りつつ、ときには農園主の紹介で新しい農園も視察する。また、1月～2月は、アフリカ・ケニアにも出張。ケニアは収穫期が二度あり、9月～12月のメインクロップ（主要な収穫期の豆）を買い付けるためだ。

5月～6月は、アメリカスペシャルティコーヒー協会が主催するイベントや、ワールド バリスタ チャンピオンシップなどの行事に参加することが多く、その行き帰りに産地に立ち寄ることもある。

7月～8月は、ブラジル、ボリビアなどの南米を中心に訪問。アフリカのブルンディもこの時期が収穫期なので、毎年訪ねているという。

9月～12月は、コロンビア、エチオピアなどを訪問。コロンビアやエチオピア、またグアテマラやブラジルなど重要な産地には、異なる生産者グループから購入していることなどもあって、日程を変えて2回行くそうだ。

「このほか、イレギュラーで産地に行くこともあります。たとえば、農園主から新しく開拓した農園を見てほしいという連絡をもらい、エチオピアに行ったこともあります」（丸山さん）。

よい豆を定期的に仕入れるには、生産者との信頼関係を構築することが求められる。そのため丸山さんは、たとえ天候不順などによりコーヒーの出来が悪い年があったとしても、ポテンシャルのある農園・生産処理場と判断すれば、投資と考えて3～4年間は継続して買うという。つき合いのある生産者は家族単位の小規模経営である場合が多く、経営的に安定していないため、収穫の前に前渡金を払うこともある。過去には設備投資の援助や寄付も行っている。

「熟練した労働者がいてこそ、おいしいコーヒーができるのです。バイヤーは、コーヒーをつくる人たちの生活習慣や環境も考える必要があります」と丸山さん。2009年に更新したパスポートの査証欄は、増補したにもかかわらず、5年で使いきってしまった。「産地に出向くのは、体力的にも精神的にも大変ですが、やりがいはあります。生産者とのおつき合いは、今後さらに増えていくでしょう。すばらしい豆はまだまだたくさんあります。それを日本に紹介するのが私の仕事です」。

コーヒーのおもな産地と味の特徴

　コーヒー豆は、赤道を中心とした北緯 25 度、南緯 25 度にひろがる帯状の地域（コーヒーベルト）で栽培されている。コーヒー栽培には次の条件が求められる。まず年間降雨量が1500～2000㎜で、成長期に雨が多く、収穫期に乾燥している、雨季と乾季のあるエリアであること。それから、年平均 20℃の気温。適度に日あたりがよく、土壌は肥沃で、水はけがよいことも求められる。生産エリアは、中南米、アフリカ・中東、アジア・太平洋と大きく3つに分けることができる。いずれも熱帯、亜熱帯に属する地域だが、山や高地で栽培を行うことでコーヒーに適した環境条件をととのえている。

　コーヒーの味や香りは豆の品種、産地の土壌、気候、生産処理の過程によって左右される。これは、ワインがブドウの品種や産地の土壌、収穫年などで味が異なるのと似ている。一般に高産地になるほど香りがよく風味が豊かと言われ、低産地は力強さや苦みが特徴となる。

　地図の濃い茶色で示した国は、丸山珈琲でとり扱っているコーヒーの生産国だ。丸山珈琲では常時約 20 種類ものシングルオリジンコーヒーを販売。その多くは、社長である丸山さんが現地を訪問し、カッピングして選んだスペシャルティコーヒーだ。同店のコーヒー豆の名前が表すのは、生産国や産地・農園、品種、生産処理方法など。コーヒー豆の名前からもさまざまな情報が読みとれる。

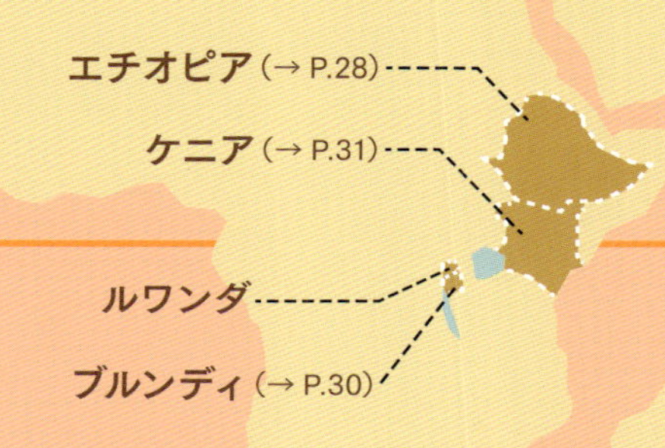

アフリカ・中東地域

コーヒーの語源は、エチオピアの「カッファ」と呼ばれる地域に由来しており、エチオピアはコーヒー発祥の地として知られ、アフリカでは多くの国でコーヒーが栽培されている。とくに東アフリカでは、高品質のアラビカ種が収穫される。風味の傾向として、花のような香りがあり、複雑な酸をもつものが多い。

アジア・太平洋地域

このエリアで、スペシャルティコーヒーで注目されている生産国は、インドネシア、パプアニューギニア、東ティモールなど。これらの国のコーヒーは、豊かなボディが特徴だ。スパイスを思わせる独特の風味も魅力。丸山珈琲ではとり扱っていないが、ハワイもコーヒーの生産国として有名だ。

中南米地域

ブラジルをはじめコロンビア、グアテマラなどコーヒー主要生産国が多数。概して中米のコーヒーは明るい酸とフルーツ感のある味わいが特徴で、南米はフルーツ感に加えてしっかりとしたボディがある。ほとんどの国でカップ・オブ・エクセレンスが行われており、情報シェアによるイノベーションも目覚ましい。

丸山健太郎、産地を巡る

ブラジル

対照的な味をつくるサマンバイア農園とセルトン農園

ブラジル連邦共和国
面積●約 851.2 万平方キロメートル
人口●約 2 億 40 万人
首都●ブラジリア

ブラジルは、世界最大のコーヒーの生産国です。丸山珈琲がスペシャルティコーヒーをとり扱いはじめたのは 2000 年からですが、当時スペシャルティコーヒーにいちばん力を入れていたのがブラジルだったと思います。日本人にとってブラジルはコーヒーの故郷みたいなイメージがあって、テレビでブラジルのコーヒー農園を見ることもしばしばありますが、じつはスペシャルティコーヒーの世界では当時、ブラジルのコーヒーはそんなに良質とは見られていませんでした。とくに欧米のバイヤーは、ブラジルのコーヒーをワンランク下に見ていたように思います。その風潮を変えようと、ブラジルのスペシャルティコーヒー協会は、積極的に自国のスペシャルティコーヒーをアピールしていました。ブラジルでパルプトナチュラルという生産処理法がひろまったのもこの時期です。日本人を歓迎してくれる風潮もあったので、足しげく通うようになりました。

ブラジルは国土が広いので、どこの生産者とつき合うのか、それを決めるのが難しい。おつき合いをはじめたなら、できるだけ長く続けたいので、信頼できる生産者を探さなければなりません。その点、カップ・オブ・エクセレンスは、生産者を探すには打ってつけの場。その後のオークションを通して、直接生産者と関係を築くことができます。そうして出合ったのが、サマンバイア農園です。

サマンバイア農園とは、01 年にカップ・オブ・エクセレンスの入賞ロットを落札して以来の

果肉を除去したばかりのパーチメント。

サマンバイア農園の風景。
空の青とコーヒーの木の緑のコントラストが美しい。

サマンバイア農園

地域● ミナス・ジェライス州
スル・デ・ミナス
サント・アントニオ・ド・アンパーロ

標高● 1200 m

農園面積● 120ha

コーヒー栽培面積● 52ha

栽培品種● ムンド・ノーボ、アカイ、
イエローブルボン、カチグア

生産処理● ナチュラル、パルプトナチュラル

セルトン農園

地域● ミナス・ジェライス州
カルモ・デ・ミナス

標高● 1100 ～ 1450 m

農園面積● 800ha

コーヒー栽培面積● 270ha

栽培品種● イエローカトゥアイ、
イエローブルボン、
レッドブルボン

生産処理● ナチュラル、
パルプトナチュラル

おつき合いです。サマンバイア農園は、ブラジル最大の都市サンパウロから北北西300km、ミナス・ジェライス州スル・デ・ミナス地区のサント・アントニオ・ド・アンパーロという町にあります。この農園のコーヒー豆は、ビターチョコレートを思わせるブラジルらしい風味をもち、エスプレッソに最適です。

ブラジルでは、同じくミナス・ジェライス州の、カルモ・デ・ミナス地区のセルトン農園からもコーヒー豆を買い付けています。セルトン農園は、サマンバイア農園から車で2時間ほど。ブラジルのコーヒー生産エリアのなかでは比較的高地にあり、ブラジルのコーヒーとは思えないような、フローラルでフルーツ感のあるコーヒーをつくっています。サマンバイア農園のコーヒーとは対照的な味です。02年のカップ・オブ・エクセレンスでカルモ・デ・ミナス地区の農園が多数入賞して以来、ずっとこのエリアの農園と直接取引をしたいと思っていたのですが、諸事情があり実現に至らず、05年よりカルモコーヒーズという輸出業者を通してセルトン農園のコーヒーを仕入れています。

ブラジルには2000年から年に2回以上行っており、サマンバイア農園とセルトン農園は毎年訪問します。よい豆を手に入れるためには、営業や恋愛と同じで（笑）、足しげく通う必要があると思っています。

カルモ・デ・ミナス地区の生産処理場。パティオでパーチメントを乾かしている。

ボリビア

世界でいちばん標高の高い農園、アグロ・タケシに注目！

ボリビア多民族国

面積●約 110 万平方キロメートル
人口●約 1005.9 万人
首都●ラパス

近年、スペシャルティコーヒーの世界で注目されているボリビア。私も毎年ボリビアを訪問しています。そのボリビアで丸山珈琲が注目しているのが、アグロ・タケシ農園です。2009 年のボリビアのカップ・オブ・エクセレンスで１位を獲得。その後のインターネットオークションで落札して以来のおつき合いです。

アグロ•タケシ農園は、標高 1750 ～ 2600 ｍの地域でコーヒーを栽培しています。ここは、私が知る限り、世界でもっとも高地にあるコーヒー農園です。グアテマラ、エチオピア、コロンビアなどでも 2100 ｍが上限ではないでしょうか。

コーヒーのおいしさを決める要素は、品種、土壌、標高、生産処理方法などたくさんありますが、そのなかでも標高はもっとも影響力があると私は考えています。コーヒーチェリーもフルーツと同じで、朝晩の涼しさで実が締まり、甘みが増します。青い実が赤くなるまで熟すのに時間がかかるぶん、風味は豊かになります。ただし、標高が高すぎると、朝晩の気温が低すぎて、霜が降り、木がうまく育たないという危険性もあります。なるべく高いところに木を植えたい、だけど寒さが怖い。標高 2600 ｍでの栽培は、奇跡だと言えます。

アグロ・タケシ農園は、首都ラパスから 100km ほど離れた南ユンガス地方にあります。標高約 5800 ｍのムルラタ山から流れ出るタケシ川を見下ろす峡谷の斜面でコーヒーを栽培し

高地で栽培されるボリビアコーヒー。
8月末の収穫後期でも、
まだ熟していない実が残っていた。

首都ラパスから約100km。
切り立った峡谷の中に
アグロ・タケシ農園はある。

豆の品種はティピカ。
木の健康状態はとてもよかった。

アグロ・タケシ農園

地域● ラ・パス県
南ユンガス
ヤナカチ

標高● 1750 ～ 2600 m

農園面積● 38ha

コーヒー栽培面積●
19.5ha（ティピカ）、
150本（ゲイシャ）

栽培品種● ティピカ、ゲイシャ

生産処理● ウォッシュト

ています。コーヒーチェリーは通常、8 ～ 9ヵ月かけて熟していきますが、アグロ・タケシ農園は日陰に入ると上着が必要なくらい冷涼な気候なので、11ヵ月かかります。1年中、コーヒーの花と青い実と赤い実が混在している不思議な農園です。生産量が少なく、日本でも非常に希少価値の高い豆ですが、丸山珈琲では毎年、アグロ・タケシの豆を紹介しています。

ボリビアでは、アグロ・タケシ農園以外にも、カラナヴィ地区の小規模生産者の農園を定期的に訪問しています。こちらは、アグロ・タケシ農園から車で7時間ほど。北ユンガス地方になります。高産地で柑橘系のいきいきとした酸味をもつボリビアコーヒーは、浅煎りや中煎りにしてブレンドに加えると華やかな印象を与えてくれるし、深く焙煎しても、豆が固いため組織が炭化しづらく、力強い甘みと風味を味わえます。とくに良質なものは、柑橘系の酸だけではなく、ベリーやサクランボを思わせる酸もあり、シングルでも非常に魅力的な商品になります。

年間を通してブレンドづくりを考えるとき、ベースに高産地の豆があるととても重宝します。北半球の豆が中心の品ぞろえのときであれば、中米のグアテマラやエルサルバドルなどの高産地の豆をベースにし、それ以外の時期はコロンビア、そしてこのボリビアなどをベースに使うと品質が安定すると思います。

カラナヴィ地区の小規模農園にて。農園主と記念撮影。

コロンビア

あらためて見直したコロンビアコーヒーの実力

コロンビア共和国

面積●約 113.9 万平方キロメートル
人口●約 4770 万人
首都●ボゴタ

コロンビアは世界トップ3に入る生産量を誇るコーヒー大国です。25 年前に私が自家焙煎をはじめたころ、国際商品であるコーヒーのなかで、コロンビアコーヒーは「コロンビアマイルド」と称され、ケニア、タンザニアとともに、最高級品として取引されていると教わりました。なかでも、「コロンビア・スプレモ」と呼ばれるものは、豆のサイズが大きい最高級品であるとも。以来、丸山珈琲のブレンドのベースは、ずっとコロンビアでした。コロンビアコーヒーは、こくがあり、深煎りにすると酸が甘みに変わり、なくてはならないアイテムでした。

2000 年ごろから本格的にスペシャルティコーヒーをとり扱うようになり、10 年間続けてきたコーヒーの品質評価の基準を大きく変えました。それまでは「どう焙煎すればおいしくなるのか」ということに没頭してきましたが、焙煎よりも素材の重要性を実感するようになり、焙煎は以前の深煎り中心から中煎り中心にシフト。品質評価の基準が変わったため、扱っていた豆の評価も大きく変わりました。今まで最高と信じていたコロンビアの評価が相対的に低くなってしまったのです。その後、中米の多くの国でカップ・オブ・エクセレンスがはじまり、それにともない中米の良質なコーヒーと接する機会が多くなり、コロンビアコーヒーをあえて必要としない状況になりました。

そんな折、05 年にコロンビアではじめてカップ・オブ・エクセレンスが開催され、私も国際審査員のメンバーとして参加することに。そこではじめて、真のスペシャルティコーヒーと呼べる品質のコロンビアコーヒーに出合いました。クリーンな味わいとふくよかな質感。たく

コロンビアの
カップ・オブ・エクセレンスの風景。
この品評会で、コロンビアの
スペシャルティコーヒーの実力を知った。

連なる山の向こうに優良産地、ピッタリートの町並みが見える。

ロス・ノガレス農園

地域● ウィラ県
ピッタリート
標高● 1654 ～ 1760m
農園面積● 11.5ha
コーヒー栽培面積● 4.67ha
栽培品種● おもにカトゥーラ
生産処理● ウォッシュト

さんのフルーツのニュアンスをもったすばらしい酸味。そして甘み。「こんなコロンビアコーヒーがあったんだ！」という驚きでいっぱいでした。審査のあとの授賞式で、名前を呼ばれる多くの生産者が、ウィラ県のピッタリートという町から来ていることにも驚かされました。優勝したロス・ノガレス農園もピッタリートにあります。その後開催されたインターネットオークションで、全国の買付け仲間とこのロス・ノガレス農園の優勝ロットを落札。オークションを通してだけではない、継続的な通常の取引も開始したかったのですが、諸事情からなかなか実現できず、しかし 09 年、ようやくピッタリートを訪れることができました。

首都ボゴタから南部のネイバまで飛行機で約 1 時間。ネイバ空港からピッタリートまで車で 5 時間かかります。09 年の訪問では、ロス・ノガレス農園が属している生産者組合「カフェ・アンディーノ」、隣町のアセベドの生産者組合「サン・イシードロ」のメンバーとのミーティング、カッピングセッションを行い、各メンバーの農園を見学。このときに、ピッタリートを中心としたこのエリアのテロワールのすばらしさを実感しました。丸みを帯びた豊かなこく。青リンゴやサクランボを思わせるフルーツのフレーバー。明るい酸味と長く続く甘い後味が特徴的です。

この 2 つの組合からカップ・オブ・エクセレンス入賞農園が多数出ているわけですから、このエリアは「スペシャルティコーヒー銀座」という感じでしょうか。近隣のカウカ県、ナリーニョ県からもすばらしいコーヒーが産出されているので、丸山珈琲ではウィラ県ピッタリートを中心にして買付けのエリアをひろげています。

左／ピッタリートの生産者組合、カフェ・アンディーノのメンバーたち。
右／カフェ・アンディーノのメンバーの農園。赤道に近く、日ざしが強いため、コーヒーの木を保護するシェードツリー（日陰樹）がたくさん植えられている。

グアテマラ

エリアごとに個性の異なるコーヒーを産出

グアテマラでの収穫風景。
完熟豆のみを収穫する、
とはよく言われるが、
実際はとても難しい作業だ。

グアテマラ共和国
面積●約 10.9 万平方キロメートル
人口●約 1547 万人
首都●グアテマラシティ

中米各国では、はやいところでは 11 月からコーヒーチェリーの収穫がはじまり、4 月には収穫が終わります。グアテマラを訪問するのは、だいたい収穫も終わりに近づく 3 月ごろ。グアテマラでは、西部のウエウエテナンゴ、首都グアテマラシティ近くのパレンシア、東部のハラパ地域などを訪問しています。

もし、1 国だけでコーヒーのメニューをつくれ、と言われたなら、私はグアテマラを選ぶかもしれません。それくらいグアテマラのコーヒーは、エリアごとの多様性があるのです。ここでは 3 つの農園（もしくは生産処理場）を紹介していますが、いずれも個性的な味わいです。西部のウエウエテナンゴ県ラ・リベルタッド地区にあるラ・ベンディシオン農園のコーヒーは、上質なミルクチョコレートを思わせる風味があり、エル・プログレソ県シエラ・デ・ラス・ミナス地区のラ・ベイヤ農園は、非常に華やかな香りをもつパカマラをつくっています。南東部に位置するハラパ県マタケスクイントゥラ地区の生産者組合「ラ・ブレア」のコーヒーは、ビターチョコレートを思わせる重厚感のある味です。

このようにグアテマラではすばらしいコーヒーがつくられていますが、生産者の生活はけっして楽ではありません。良質なコーヒーを探すなかで、多くの小規模生産者と話をする機会があります。彼らは日本のマーケットに販売できることを喜んでくれますが、話題の中心は「支払いはいつになるのか?」ということです。小規模生産者がつねに頭を悩ませているのが、

左／赤く熟したコーヒーチェリー。
上／ウエウエテナンゴの
サンティアゴ・チマルテナンゴグループの
生産者たち。気さくだけどちょっとシャイ。

ラ・ベンディシオン農園

地域● ウエウエテナンゴ県
ラ・リベルタッド
エル・パライソ

標高● 1720 ～ 1800m

農園面積● 15ha

コーヒー栽培面積● 15ha

栽培品種● ブルボン、カトゥーラ、カティモール

生産処理● ウォッシュト

ラ・ベイヤ農園

地域● エル・プログレソ県
シエラ・デ・ラス・ミナス
サン・アグスティン・アカサグアストラン

標高● 1450 ～ 1630m

農園面積● 100ha

コーヒー栽培面積● 75ha

栽培品種● ブルボン、ヴィジャサルチ、カトゥーラ、パカマラ、サチモール

生産処理● ウォッシュト

ラ・ブレア（共同生産組合）

地域● ハラパ県
マタケスクイントゥラ

標高● 1500 ～ 1600m

農園面積● —

コーヒー栽培面積● —

栽培品種● ブルボン

生産処理● ウォッシュト

キャッシュフロー。彼らはいつもお金が足りない状態です。中米の場合は、6月ごろに肥料を仕入れなければなりませんし、収穫期は収穫作業者に毎週現金で支払いをしなければなりません。手元にお金がなければ、生産者は「コヨーテ」と呼ばれる仲買業者にコーヒーチェリーを販売することになります。生産処理をしない代わりに、輸出価格の 50 ～ 60%で買い叩かれますが、それでも今すぐ現金がほしい生産者は売ってしまうのです。自分たちで輸出した場合、彼らが現金を手にするのは 3 ヵ月以上先になりますから、コヨーテに売るほうが魅力的に映るのかもしれません。

このような状況下では、高い買付け価格を提示するよりも、「いつ支払うか」のほうが重要になってきます。資金に余裕のある大規模生産者であれば別ですが、小規模生産者の場合は「明日のパン代」「数週間後に迫ってきた借金の返済」が切迫しており、3 ヵ月後の 100 万円より今日の 50 万円のほうがありがたいのです。ですから、小規模生産者には前渡金を払い、安心して高品質なコーヒーを生産できるように後押しすることもあります。

経営の安定している中規模、大規模の生産者にはこれらのことはあてはまりませんが、世界には小規模生産者のほうがはるかに多く存在しています。彼らのキャッシュフローの問題を解決できれば、彼らのモチベーションは各段に上がり、私たちも継続的な買付けを続けられ、品質はさらによくなっていくはず。このよい方向の連鎖をつくり上げることが、小規模生産者とおつき合いするときの最重要ポイントと言えるでしょう。

左／生産者メンバーの家族たち。
下／天日干しを終えたパーチメント。

天日干しのパーチメントの撹拌作業。定期的に撹拌する作業をきっちりこなしていた。

ホンジュラス

ポテンシャルを秘めた「眠れる巨人」

ホンジュラス共和国
面積●約 11.25 万平方キロメートル
人口●約 810 万人
首都●テグシガルパ

ホンジュラスのコーヒーには、ひと昔前までは「ブレンド用の中級品」というイメージをもっていました。しかし、2004 年のカップ・オブ・エクセレンスで、はじめてホンジュラスのスペシャルティコーヒーをカッピングして、その印象は一転。花のような香り、トロピカルフルーツのようなフレーバー、エキゾチックなスパイスを思わせるニュアンス……今まで知っていたホンジュラスコーヒーのイメージが 180 度くつがえされた体験でした。

ホンジュラスの隣接国、エルサルバドル、ニカラグア、グアテマラでもそれぞれカップ・オブ・エクセレンスが開催されていますが、エルサルバドルのチャラテナンゴ、ニカラグアのディッピルト、グアテマラのエスキプラスと、それぞれホンジュラスとの国境近くの町で優勝農園が出ています。国境線は人間が勝手に引いたもの。コーヒーチェリーの味が国境を越えたとたんに変わることは考えにくく、ホンジュラスもエルサルバドル、ニカラグア、グアテマラとまったく同じポテンシャルを秘めているといえます。実際、グアテマラに接するコパン県のコーヒーの一部は国境を越えて持ち出され、グアテマラのコーヒーとして販売されています。ホンジュラスのことを「眠れる巨人」と語るコーヒー関係者もいます。私も 05 年から本格的にホンジュラスコーヒーにとり組みはじめました。

よい生産者は、よい生産者を知る……。まずは、第 1 回のホンジュラス・カップ・オブ・エクセレンスで優勝したエル・ペソーテ農園（現アミーゴス・デ・ラ・ナチュラレッサ農園）のグレゴリオ・マルティネスさんとおつき合いすることからはじめました。それから彼に近隣の生産者を紹介してもらうようになり、そのことがクチコミでひろまって、今では現地を訪ねたときに生産者が会いに来てくれるようになりました。そして、世界にはほとんど知られてい

左／第 1 回ホンジュラス・カップ・オブ・エクセレンスで 1 位になった生産者、
　　グレゴリオ・マルティネスさん。
右／インティブカ県カングアル村の生産者たち。

コーヒーの買付け。生産者と交渉中。

小規模生産者の多くは、
自宅の倉庫でパーチメントを保管。
専用倉庫になるべくはやく移す必要がある。

アミーゴス・デ・ラ・ナチュラレッサ農園

地域● レンピーラ県
レパエラ
標高● 1550m
農園面積● 3.5ha
コーヒー栽培面積● 2.5ha
栽培品種● イエローカトゥアイ、
レッドカトゥアイ、
ブルボン、IHCAFE 90
生産処理● ウォッシュト

ない、すばらしいコーヒーを産出する山深いエリアにも案内してもらえるようになりました。

もちろん、課題もあります。たとえばホンジュラス西部の産地、コパン、オコテペケ、レンピーラ、サンタ・バルバラ、インティブカなどは、小規模生産者が多く、農園の規模は5ha未満。パティオや高床式乾燥棚でパーチメントを乾燥させたあと、自宅の倉庫で保管するため、細心の注意を払わないとパーチメントがふたたび湿気を吸い、品質が劣化してしまいます。いちはやく輸出業者などの倉庫に移動させ、安定した状態で保管する必要があります。乾燥工程の補完のためには、乾燥機で仕上げることも考えなければなりません。

私が今、注目しているのは、インティブカ県にあるカングアルという村のコーヒー。あるところで仕入れたサンプルがすばらしく、それをきっかけに現地を訪問するようになりました。標高は1500～1700 m。訪問しはじめた当時は、生産者組合も組織されておらず、村人の生活も貧しく、電気も通じていませんでした。とにかく下界とは隔絶された山の中ですが、オレンジやモモのようなフレーバーを感じさせる良質なコーヒーがとれ、カップ・オブ・エクセレンスで入賞した生産者もいる村です。生産者の方々と直接交渉して08年から少しずつ輸入をはじめました。

10年にカングアル村を訪ねたときは、村の小学校に招かれ、子どもたちが踊りや歌、詩の朗読などで歓待してくれました。歓迎会のあとは、10年に設立されたカングアルの生産者組合の理事たちと長期的な視野に立った関係性の確立やロジスティックについて話し合いました。カングアルはほんの一例にすぎません。ホンジュラスには、まだまだ知られていないすばらしいコーヒーがたくさん存在していることでしょう。

カングアル村にて。小学校に集まった住民たち（写真左）。子どもたちが歓迎してくれた（右）。

コスタリカ

マイクロミルの増加で新たな個性を発見

コスタリカ共和国

面積●約 5.1 万平方キロメートル
人口●約 487 万人
首都●サンホセ

マイクロミルのパルパー（コーヒーチェリーの外殻皮や果肉を除去する設備）。

コスタリカは、中米のなかでは豊かな国として知られており、私も訪問するたびに経済成長の力強さを感じます。首都サンホセ市内ではベンツ、ハマーなどの高級外車をよく見かけますし、至るところで商業施設の建設も進んでいます。

コスタリカではもともと、ほかの中米諸国と同じく、ブルボン種やティピカ種を中心に良質なコーヒーをつくっていました。1960 年代ごろから大規模農場やコーペラティブ（協同組合）、国際的なコーヒー企業の力が強くなり、小・中規模の生産者はコーヒーチェリーをそれらのミル（生産処理場）に持ち込み、現金化するようになりました。そしてそのミルを経営しているコーペラティブや大企業は、それらのコーヒーチェリーを大量に処理し、品質の安定した、いわゆる「コスタリカ SHG」などをつくってきました。

ところが、90 年代に入ってコーヒーの国際価格が低迷し、コスタリカ全体の生産量も減少したことにより、コーペラティブや大企業は必要とする量のコーヒーチェリーを集められず、競争が激化。コスタリカ内でコーヒーチェリーを巡ってバブルが起きました。その結果、コーペラティブの倒産が相次ぎました。

90 年代後半になると、スペシャルティコーヒーのニーズが高まり、これまでの流れを反省して、ふたたび家族や近隣の農園のコーヒーチェリーを処理する小規模なミル「マイクロミル」が出現。マイクロミルという呼び名は、大規模集約型のミルシステム（メガミル）に対しての表現といえます。比較的裕福な農園主が自分のブランドを確立するために自前のミルをつくったり、貧しい小規模生産者たちがグループでミルを立ち上げたりして、マイクロミルが急速に増えはじめました。2006 年当時、コスタリカにマイクロミルは 10 ヵ所ほどしかありません

マイクロミル、シンリミテスのオーナー夫妻と記念撮影。

シンリミテス（マイクロミル）

地域● ウエストバリー
ナランホ
ロウルデス

標高● 1500 ~ 1600 m

農園面積● 6ha

コーヒー栽培面積● 5ha

栽培品種● ヴィピジャサルチ、カトゥーラ、ゲイシャ、SL28

生産処理● ハニー（パルプトナチュラル）

モンテ・コペイ（マイクロミル）

地域● タラス
ラ・バンデラ・デ・ドタ

標高● 1825 ~ 2000m

農園面積● —

コーヒー栽培面積● —

栽培品種● ティピカ、カトゥーラなど

生産処理● ウォッシュト、ナチュラル、ハニー（パルプトナチュラル）

ブルマス・デル・スルキ（マイクロミル）

地域● セントラルバリー
エレディア
サン・ラファエル

標高● 1450 ~ 1600 m

農園面積● 46ha

コーヒー栽培面積● 46ha

栽培品種● カトゥーラ、カトゥアイ、ブルボン、ゲイシャ、ヴィジャサルチ

生産処理● ナチュラル、ハニー（パルプトナチュラル）

でしたが、10 年には 100 ヵ所にまで増え、今なお増加傾向にあります。丸山珈琲でも、ウエストバリー地区のマイクロミル「シンリミテス」や、タラス地区のマイクロミル「モンテ・コペイ」、セントラルバリー地区のマイクロミル「ブルマス・デル・スルキ」などのコーヒーをとり扱っています。

マイクロミルは、畑単位で生産処理するので、それぞれの農園がもつ微小気候や土壌、品種の特徴がストレートに個性として現れます。そのため、こんな個性的なコーヒーがコスタリカにあったのかと驚かされることもよくあります。これまで、「ウエストバリー地区」とひとくくりにされてきた地域のなかにも、じつはいくつもの微妙に異なる気候が存在していることも明らかになってきました。

ただし、マイクロミルには大きな弱点があります。販売ルートの問題です。大規模ミルの場合は、輸出先、販売ルートが確立されていますが、マイクロミルはまだ知名度が低く、価格も高くなることから、どうしても売り先を見つけることが難しくなっています。

マイクロミルをつくるということは、農家にとっては一大投資になります。マイクロミルをつくることでより努力に見合う収入が得られると信じて、生産者たちは投資します。コスタリカでは土地代も上昇し、今までコーヒー農園だったところが住宅地になってしまうという事態も多発していて、トレス・リオスという有名産地も、今ではコーヒー農園がなくなりつつあります。コスタリカのコーヒー生産量は年々減少しています。今後、コスタリカがスペシャルティコーヒーの有力な産地であるためには、このマイクロミルの発展、増加がカギになるのは間違いないでしょう。

マイクロミル周辺の風景（写真左）。高床式の天日干しの設備がある（右）。

エルサルバドル

豆の買付けの一方で託児所の設立支援も

エルサルバドル共和国
面積●約 2.1 万平方キロメートル
人口●約 634 万人
首都●サンサルバドル

エルサルバドルでは、毎年2つの農園を訪問しています。一つは、サンタ・エレナ農園です。ここは、2003 年のエルサルバドル・カップ・オブ・エクセレンス 5 位の農園です。じつはこの農園との出合いはまったくの偶然。というのも、03 年のカップ・オブ・エクセレンスのオークションで注目していたのは、1 位の豆。しかし、落札を巡って買付け仲間の間で意見が割れ、結局 1 位の豆はあきらめることに。2 位、3 位も落札するのは難しいという流れになったときに、浮上してきたのがサンタ・エレナ農園の豆でした。私はカップ・オブ・エクセレンスに参加していたので、5 位であっても非常にクオリティが高く、1 位との差はわずかなものだと感じていました。実際に豆が届いてカッピングすると、花のような香りとアプリコットやオレンジのような風味をもつ、すばらしい豆でした。すぐにサンタ・エレナ農園を訪問し、取引をはじめることにしました。サンタ・エレナ農園は、エルサルバドルの中心地サンサルバドルから車で 3 時間ほど。サンタ・アナ火山の斜面に広がっています。現在、サンタ・エレナ農園は5つの農園（サンタ・エレナ1、サンタ・エレナ2、カンパルラ、サンパブロ、エル・ミラドール）に分割され、丸山珈琲はそれぞれの農園から豆を仕入れています。

もう一つ、長くおつき合いをしているのが、モンテ・シオン農園です。モンテ・シオン農園は、グアテマラとの国境に近い、アウアチャパン県にあります。オーナーは、リリアーナ・ウル

左／サンタ・エレナ農園にて。
ピッカー（コーヒーチェリーを
収穫する労働者）のための食堂。
上／労働者が食べるトルティーヤは特大サイズ！

グアテマラとの国境近くにあるモンテ・シオン農園。

サンタ・エレナ農園　1／2

地域● アパネカ・イラマテペク地域
　サンタ・アナ県
標高● 1875m ／ 1900m
農園面積● 42ha ／ 210ha
コーヒー栽培面積● 42ha ／ 105ha
栽培品種● ブルボン／ブルボン
生産処理● ウォッシュト／ウォッシュト

モンテ・シオン農園

地域● アパネカ山脈
　アウアチャパン県
標高● 1250 ～ 1700m
農園面積● 155.47ha
コーヒー栽培面積● —
栽培品種● ブルボン
生産処理● ウォッシュト

ティアさん。彼女は敬虔なクリスチャンで、学校や医療施設の建設・運営などの社会貢献活動にも積極的にとり組んでいます。農園の収益の一部を労働者や地域住民のために寄付したり、学校へ通えない子どもたちのために農園で青空学校を開いたりもしていました。そんなウルティアさんが、農園の労働者のための託児所をつくりたいという話をされたので、丸山珈琲も日本の買付けグループ「珈琲の味方塾」（現ジャパンロースターズネットワーク）とともにそのプロジェクトを支援することに。農園では子どもたちを背負って農作業を行う母親が多くいます。子どもを預かってくれる託児所があれば、母親は安心して農作業にとり組むことができます。コーヒー豆の売上げの一部を建設資金としての寄付金にあてるなどしてトータルで 70 万円ほど集め、08 年に託児所は完成しました。

10 年に託児所を訪問すると、農園の子どもたちは手づくりの太鼓をたたき、歌を歌って出迎えてくれました。建物の入口には「ミカタジュク」の文字が書かれています。よいコーヒーを仕入れるためには、コーヒーをつくる人たちの生活習慣、環境、その人たちのさまざまな背景を考える必要があります。生産者と継続的な信頼関係を築き、生産者の生活向上、コーヒー豆の品質向上に貢献することも、バイヤーの仕事だと思います。

上／モンテ・シオン農園の託児所。
　入口には「ミカタジュク」の文字が。
右／子どもたちが自前の太鼓で
　歓迎してくれた。

パナマ

ゲイシャ人気でコーヒーも品種を語る時代に

パナマ共和国
面積●約 7.55 万平方キロメートル
人口●約 386 万人
首都●パナマシティ

エリダ農園

地域● チリキ県　ボケーテ　アルト・キエル
標高● 1670 ～ 1960m
農園面積● 65ha
コーヒー栽培面積● 30ha
栽培品種● レッドカトゥアイ、ティピカ、ブルボン、ゲイシャ
生産処理● ウォッシュト、ナチュラル、
ハニー（パルプトナチュラル）

上／エリダ農園では、おもにレッドカトゥアイ種を栽培している。
下／エリダ農園オーナーのウィルフォード・ラマストゥスさん。

パナマといえば、ゲイシャ。2004 年のベスト・オブ・パナマ（パナマ国際品評会）でエスメラルダ農園が出品したゲイシャは、業界に一大旋風を巻き起こしました。私もその品評会には審査員として参加していて、香水のようなすばらしい香りに衝撃を受けたことを覚えています。ただ、そのときはエチオピアのイルガチェフェを上回るものとは思えず（ゲイシャ種はもともとエチオピアが起源の野生種）、それほど高くは評価していませんでした。まさか、こんなに有名な豆になるとは……。品評会後のオークションでは、当時の最高落札価格を記録して大きな話題になり、以来、パナマではゲイシャ種の栽培をはじめる農家が増えました。

ところが、ゲイシャ人気が高まるにつれ、パナマのコーヒーの価格はどんどん上昇。それだけの価値があるのかと疑問に思い、丸山珈琲ではパナマコーヒーはとり扱ってきませんでした。しかし、11 年にボリビアのアグロ・タケシ農園のゲイシャをカッピングしたときに、その味わいのすばらしさを再認識。ワインをシャルドネやソーヴィニヨン・ブランなどブドウの品種で語るように、コーヒーも豆の品種で語られる時代がもうすぐ来るのでは、とゲイシャのラインアップの拡充に努めることにしました。

ゲイシャが多く栽培されているのは、やはりパナマ。パナマでは現在、エリダ農園、ママ・カタ農園、ドン・パチ農園とおつき合いしているほか、アメリカのナインティ・プラス社が所有する農園の豆を仕入れています。とくに丸山珈琲が注目しているのが、エリダ農園。エリダ農園は、優良産地として知られるチリキ県ボケーテ地区の、バル火山の裾野に広がっています。標高は 1670 ～ 1960 m。肥沃な土壌と標高の高さが、コーヒーの豊かな甘みと複雑な酸味をつくり出しています。品種ごとに細かなロットに分け、それぞれウォッシュト、パルプトナチュラル、ナチュラルと異なる生産処理を施しているのも特徴で、店ではゲイシャだけでなく、ウォッシュト製法、ナチュラル製法のレッドカトゥアイなども紹介しています。

産地でのカッピングはいつも真剣勝負！

生産者と品質についてさまざまなやりとりをするときに、何をもとに話をするのかというと、「カップクオリティ」になります。狭義で言えば、いわゆるカッピングで精査したときの品質、広義で言えばさまざまな方法で抽出されたコーヒーの液体の品質のことです。

生産者や輸出業者との生豆の売買は、カッピングにより品質を見極め、価格とのバランスを見ながら行います。アメリカスペシャルティコーヒー協会やカップ・オブ・エクセレンスのカッピングフォームの点数でやりとりすることもあれば、「甘みがすばらしい、独特なフレーバーがあるので気に入った」などといった感想を伝えることもあります。買付けの現場では後者が多いですね。

このカッピングの結果が彼らのコーヒーの価格や売行きを左右するので、最近はカッピングに興味を示す生産者も多くなりました。中規模、大規模の生産者は、オーナーがみずからカッピングしたり、20～30代のお子さんがカッピングしたりしています。小規模生産者は、まだそこまでの余裕はないようですが、私がカッピングしている間、ずっと同席して、感想を求めてきます。生産処理に問題があるとか、収穫の仕方に問題があるとか、こちらの指摘も熱心に聞いてくれます。

産地でのカッピングは、日本でのカッピングとは条件が異なります。まず、標高が高い。1000 m以上の高地でカッピングする場合が多く、ボリビアのラパスともなると標高 3600 mにもなります。標高が高ければ、それだけお湯の沸点が低くなります。当然、水質も日本とはだいぶ違い、硬度もさまざまです。

また、焙煎も万全とはいえません。うまく焙煎ができていないケースもよくあります。あるときは、生豆がやっとオレンジ色に色づいたくらいの超極浅煎り豆をカッピングさせられたこともあります。もちろん、それでは評価することができず、焙煎をし直してもらいました。またあるときは、サンプルロースターの掃除が何年もされておらず、すべての豆が煙くさく、燻製されたコーヒーを飲まされているような気分になったことも。このときは時間がなく、その状態で判断しなければならなかったので大変でした。

生産者にとり囲まれてカッピングすることもあり、試されることもしばしば。協同生産組合などに行くと、20 人くらいのメンバーに囲まれてカッピングをしなければならないときもあり、無言のプレッシャーを感じることがあります。見知らぬ生産者に囲まれて行うカッピングは、まさに真剣勝負。ストリートファイトのようなものです。なめられたらいけません。短時間で相手を納得させるコメントや評価をしなければならないのです。

中米のある国の輸出業者のラボでのカッピングで、いくつかの有名農園の豆のサンプルが 10 種類ほどテーブルに並んだことがありました。そこそこおいしいのだけれど、何かちょっと違う。その農園ならもっとよいものをつくるはずだが……。思いきって業者にそう伝えると、「おお、ごめん、ごめん。あなたのことを誤解していたよ。最高のものがほしいんだね」と言って、テーブルをかたづけはじめました。あらためてテーブルに並んだのは、先ほどと同じ農園のサンプルなのですが、カッピングしてみると先ほどとは違い、すばらしいものばかりでした。これは極端な例ですが、産地でのカッピングはこのようにいつも真剣勝負だと言えます。

ブラジルの輸出業者のラボで、カッピング中。

コスタリカでのカッピング風景。1回のセッションで 10 サンプル、これを3～4セッション行う。生産者も立ち会い、緊張感がただよう。

エチオピア

シダマとイルガチェフェでは複数のステーションを訪問

エチオピア連邦民主共和国
面積●約 109.7 万平方キロメートル
人口●約 9173 万人
首都●アディスアベバ

アラビカ種の原産地として知られるエチオピア。エチオピアでのおもな訪問先は、コーヒーの名産地として知られるシダマとイルガチェフェです。エチオピア南部に南部諸民族による州があり、そのなかのシダマ地区のコーヒーを「シダモ」、ゲデオ地区イルガチェフェのコーヒーを「イルガチェフェ」と呼んでいますが、オロミア州の一部を含めたもっと広い範囲で産出されるコーヒーを「シダモコーヒー」と言うこともあります。シダマ、ゲデオのどちらも標高 1600 ～ 2000 mという高地に栽培エリアがあり、とても個性的なコーヒーを産出しています。

首都アディスアベバからイルガチェフェまで車で約 6 時間。イルガチェフェ、シダマで各 5 ～ 6 の「ステーション」を回ります。アフリカでは、各栽培農家が近隣のステーションと呼ばれる共同生産処理場にコーヒーチェリーを運び込みます。たとえば、「イルガチェフェ・ハマ」とか「シダマ・シャンタゴルバ」のように、産地名の後ろにつくのがステーション名です。多くの場合、ステーション名はその集落の名前になっていて、数百から千を超える農家が加盟しています。それぞれの農家は、せいぜい数百 kg しか生産できません。1コンテナ（250 袋）の生豆には 100 以上、ときには 200 以上の農家のコーヒーチェリーが混ざっていることになります。ですから、一定の品質を維持するためには、各ステーションの品質管理、メンバーへの指導などがとても重要になってきます。

シダモコーヒーは、概してオレンジや花のような香り、そしてすばらしい甘みがあり、イルガチェフェには、レモングラスやベルガモットを思わせる個性的な香りがあります。ただ、こ

ゲデオ地区・アダドステーションにて。
各農家が、それぞれ収穫した
コーヒーチェリーを持ち込む。
ステーションに持ち込まれた
コーヒーチェリーは、すぐに計量され、
重量に応じて各農家に
後日報酬が支払われる。

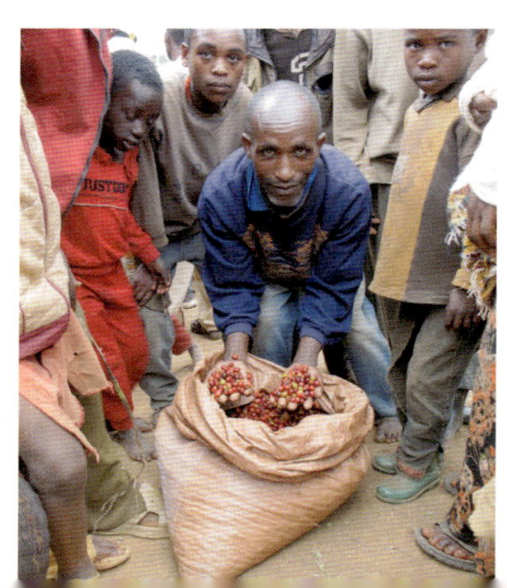

シダマ地区・シルチョステーションにて。
コーヒーチェリーを高床式乾燥棚で乾かす。

コカーナ・ウォッシングステーション
（共同生産処理場）

地域● 南部諸民族州
ゲデオ
イルガチェフェ
標高● 1975m
農園面積● —
コーヒー栽培面積● —
栽培品種● 複数のエチオピア在来種
生産処理● ウォッシュト

れらのフレーバーは、ステーションごとに少しずつ異なります。ステーションごとの気候、標高、土壌の違いによるそれぞれの味の違いをみるには、それぞれのステーションのもっともよい状態のロットで比べる必要があります。ステーションによっては、出来のよい年と悪い年をくり返すところもあるので、なかなかベストのものを一堂に集めることは難しい。ですからバイヤーは、よい年の味を記憶しておかなければなりません。そのためには、つねにいくつかのステーションを訪問し、サンプルを集めなければなりません。味をみるだけなら日本にいてサンプルを送ってもらうだけでいいのですが、ステーションの場合は、組合長や幹部など組織の上層部が入れ替わったりすると方針が変わり、品質が大きく変化することもあるので、現地に足を運び、情報収集しなければならないのです。

過去には、イルガチェフェから車で8時間かかるシャキソというステーションまで出かけたこともあります。かなりの悪路で、道中パンクをくり返しました。宿泊はステーションの敷地にテントを張り、寒さに震えながら寝袋で寝ました。同行したアメリカの「スタンプタウン コーヒー ロースターズ」と「フォーバレルコーヒー」のバイヤーがシャキソで買付けをしていたので、私もつき合ったかたちになったのですが、正直「なんでこんな遠いところにわざわざ来るのだろう？」と思いました。しかし、アディスアベバに戻り、シャキソのサンプルをカッピングして納得。シダマ、イルガチェフェの15のステーションの豆をブラインドカッピングしたのですが、シャキソのものがいちばんよかったのです。すばらしい甘みと豊かなフルーツ感がありました。ハードな旅に不平をこぼさないでよかった！

左／ゲデオ地区・アダドステーションのコーペラティブ（協同組合）の女性たち。
右／青い服を着ている男性が、このコーペラティブの代表。

ブルンディ

世界が注目するコーヒー新興国

ブルンディ共和国

面積●約 2.78 万平方キロメートル
人口●約 1020 万人
首都●ブジュンブラ

ムバンガ・ウォッシングステーション

地域●カヤンザ県　ブエンズィ
標高● 1724m
農園面積●　—
コーヒー栽培面積●　—
栽培品種●ブルボン
生産処理●ウォッシュト

上／2011 年にブルンディで開かれた国際コーヒー品評会の様子。6ヵ国 15 人の国際審査員が審査した。
下／入賞したブルンディの生産者たち。品質向上への意識が高く、私もいろいろと質問された。

ブルンディは、私が今もっとも注目している生産国の一つです。私がブルンディを訪問するようになったのは、2011 年に開催されたブルンディ初の国際品評会「プレスティージ・カップ」に国際審査員として参加したのがきっかけです。それ以前にもブルンディのコーヒーを扱ったことはあったのですが、ほかの産地の買付けルートが確立されるにつれ、しだいにとり扱わなくなっていたのです。しかし、プレスティージ・カップでカッピングして、ブルンディのコーヒーに大きな可能性を感じました。

ブルンディのコーヒーは、明るい酸とフルーツのようなフレーバーが魅力です。隣国ルワンダのコーヒーも明るくきれいな酸とオレンジやトロピカルフルーツを思わせるフレーバーがありますが、違うところを挙げるとすれば、ボディではないかと思います。ルワンダのほうが、やや線が細いというか、シルキーな感じ。ブルンディはよりクリーミーと言えるかもしれません。

問題は、ポテトフレーバーの出現率が高いこと。ポテトフレーバーとは、コーヒーを液体にしたときに現れるジャガイモや草、グリーンピースのような青くさいにおいのことです。熟度が高くなってきたコーヒーチェリーに、昆虫が穴をあけたり、収穫時に傷をつけたりすることで、そこからバクテリアが侵入し、化学反応を起こして発生すると言われます。ルワンダもポテトフレーバーの出現率は高いのですが、チェリーに昆虫が近づかないようにする仕掛けをつくるなどして出現率を下げることにある程度成功しています。ですから、ブルンディでもいずれ改善されると思っています。

ブルンディでは、ムバンガ・ウォッシングステーション（生産処理場）を訪ねます。ムバンガ・ウォッシングステーションとの出合いは、まったくの偶然によるものでした。ブルンディの品評会に行く途中の飛行機で知人に出会い、そのとき知人と同行していた女性がムバンガ・ウォッシングステーションのオーナーのいとこだったのです。ブルンディの首都ブジュンブラに着くと、彼女の案内でカヤンザ県ブエンズィ地区にあるステーションへ。同エリアは標高約 1700 mで、ブルンディのなかでももっともよいコーヒーが穫れるエリアの一つ。そのコーヒーは、プラムやミルクチョコレートを思わせる風味と、花のような香りが特徴です。

ケニア

輸出業者のラボでベストオブベストをチョイス

ケニア共和国
面積●約 58.3 万平方キロメートル
人口●約 4435 万人
首都●ナイロビ

スペシャルティコーヒーの世界では、ケニアの豆は非常に品質の高いことで知られています。ケニアにはアフリカらしい大規模農園もありますが、ほんとうに良質の豆は小規模農家が栽培するコーヒーチェリーを集めて生産処理するファクトリー（生産処理場）にあると私は思います。しかしケニアでは、他の国のようにファクトリーと直接つき合うのは難しい。なぜなら、組合長や幹部の異動などで生産方針が変わりやすく、継続的に投資するにはリスクが高いからです。

そんな背景から、ケニアの豆はドーマン社という輸出業者を通して仕入れています。ドーマン社は業界では知られた存在で、コマーシャルコーヒーからトップクラスのスペシャルティコーヒーまで幅広く扱っています。毎年ドーマン社のラボでカッピングして豆を買い付けているのですが、選ぶ豆の傾向はほぼ同じで、ケニア山麓のニエリ県のコーヒーが多いです。ニエリ県のコーヒーは、ベリー系のフレーバーがあります。

キアンブ県ティカ地区のカリンガ・ファクトリーのコーヒーもここ数年、店で紹介しています。ティカ地区は茶の栽培地でもあり、カリンガ・ファクトリーは茶畑に囲まれたユニークな産地です。ハーブや花のような香りが特徴で、ニエリ地区とはまた違う味わいのコーヒーです。

インドネシア

イギリスの商社を通じて小規模生産者の豆を購入

インドネシア共和国
面積●約 189 万平方キロメートル
人口●約 2 億 4900 万人
首都●ジャカルタ

コーヒー豆の買付けルートの開拓の仕方は2つあって、カップ・オブ・エクセレンスというシステムを介してアプローチするか、海外のロースターにすぐれた生産者を紹介してもらうか。しかし、インドネシアに関しては、距離的に近い生産国でありながら、なぜか伝手がありませんでした。そんななか、アメリカやヨーロッパの友人から、イギリスの生豆の商社、メルカンタ社が良質なインドネシアの豆を扱っていると聞き、さっそく同社が 2005 年に主催したインドネシアツアーに参加。そこで、スマトラ島北西部アチェ州タケンゴン地区の小規模生産者がつくる、すばらしいコーヒーに出合いました。インドネシアのコーヒーの特徴は、力強いボディ。ビターチョコレート、ハーブ、スパイスなどを思わせる味わいです。インドネシア産はこのほか、アチェ州テンガ地区のコーヒーなども紹介しています。

丸山珈琲のシングルオリジン

（2014年6月のラインアップ）

丸山珈琲では常時約20品のシングルオリジンコーヒーを販売。
いずれも、丸山さんがカッピングして選り抜いた、
スペシャルティコーヒーだ。
なかには、コーヒーの国際品評会、
カップ・オブ・エクセレンス（COE）の
オークションで落札した最高級品も。
季節ごとに入れ替わる旬のコーヒーに出合えるのが、
丸山珈琲の最大の魅力だ。

メキシコ

2013年メキシコCOE 2位

カニャーダ・フリア

（中煎り）

メキシコのCOE入賞ロット。「メキシコのコーヒーは全般的に味わいが軽い感じがするので、これまであまり扱ってこなかった」という丸山さんも納得した、フルーツ感のある味わい。ブドウやモモを思わせる風味。

ブラジル

ブラジル・サンタ・イネス

（中煎り）

ブラジルの優良産地、カルモ・デ・ミナス地区のサンタ・イネス農園のコーヒー。パルプトナチュラル製法でつくられており、一般的なブラジルのコーヒーとは一線を画したフルーツを思わせる上品な風味をもつ。丸山珈琲とカルモ・デ・ミナス地区の生産者とのつき合いは、2002年のCOE 1位のアグア・リンパ農園のコーヒーを落札してから。以来、複数の生産者とコミュニケーションを重ね、数多くのカルモ・デ・ミナスのコーヒーを紹介している。

ブラジル・セニョール・ニキーニョ

（中煎り）

ブラジルの優良産地、カルモ・デ・ミナスにある農園「セニョール・ニキーニョ」は、「サンタ・イネス」と同じくセルトングループ（家族）の所有。COE入賞経験もあり、高品質のコーヒーを安定して生産している。トロピカルフルーツ、チョコレート、ハチミツを思わせる味わいのコーヒー。

コロンビア

コロンビア・モンテクリスト

（深煎り）

丸山珈琲では、コロンビアは南部のウィラ県やナリーニョ県のものを中心に紹介してきたが、これは北部セサール県・モンテクリスト農園のコーヒー。やわらかな酸味があり、チョコレートのような味わい。

パナマ

パナマ・リチェロ・ゲイシャ・エステート12

（中煎り）

世界的に名高いアメリカのナインティ・プラス社がパナマに所有する農園で栽培されたゲイシャ種。「リチェロ」という名は、農園や地域の名前ではなく、コーヒーがもつ風味、特性、味のプロファイルによってつけられた名前。オレンジやメロンを思わせる風味と華やかな香りが特徴。

コスタリカ

2013年コスタリカCOE 3位

ファラミ

（中煎り）

コスタリカのCOE入賞ロットで、青リンゴ、ライム、オレンジを思わせる風味。「ファラミ」とはマイクロミル（小規模生産処理場）の名前で、生産者であるファヤスさんとラミレスさん夫妻の名前を合わせたもの。2012年より直接買付けを行っている。

コスタリカ・エルサル・デ・サルエロ

（中煎り）

「エルサル・デ・サルエロ」は、コスタリカのウエストバリー地区の、COE入賞経験もある優良マイクロミル。丸山珈琲とは2006年からのつき合いで、オーナーが小諸店に来たことも。ビターキャラメル、アーモンド、オレンジを思わせる風味をもつ。

グアテマラ

2013 年グアテマラ COE 2位

エル・モリート

（中煎り）

グアテマラの記念すべき第 10 回めの COE 入賞ロット。エル・モリート農園は、首都グアテマラシティから車で 2 時間ほどの、四方を山で囲まれた場所にあり、1400 ～ 1500 mという標高、肥沃な土壌など、地理的条件に恵まれている。グレープフルーツやラズベリーを思わせる風味と花のような香り、上品な甘みが特徴。

グアテマラ・エル・ヤルー

（深煎り）

エル・ヤルー農園は、COE でも複数回入賞経験のある優良農園で、丸山さんは 2009 年から毎年のように訪れているという。ローストナッツ、キャラメルを思わせる風味があり、飲んだあとも甘みが長く残るのも特徴。

グアテマラ・ラ・ブレア

（深煎り）

6 農園 7 名の生産者組合「ラ・ブレア」と丸山珈琲とのつき合いは 2010 年から。その間、生産者の生活環境の悪化から、半分以上のメンバーが組合を離れるなど組合の存続が危機的な状況に陥ったこともあったが、丸山珈琲では買付け額の 3 分の1を前払いするなどして信頼関係を築いてきた。ビターチョコレート、ブラウンシュガーを思わせる、重厚感と軽やかさのバランスのとれたコーヒー。

エルサルバドル

2013 年エルサルバドル COE2 位

タブロン・エル・コポ

（中煎り）

ブルボン種のコーヒーで、マンダリンオレンジ、サクランボ、ブラウンシュガーを思わせる複雑な風味をもつ。エルサルバドル COE 入賞ロットで、丸山さんがカッピングして、その味を気に入り落札した。

ドミニカ

ドミニカ・ハラバコア

（中煎り）

ハラバコア農園はドミニカのなかでも標高が 1480m と高く、そこで収穫されるコーヒーはマイルドな酸のなかにフルーツのような風味を感じさせる。ナッツ、キャラメルのような風味も合わせもつ。

エクアドル

エクアドル・セルビオ・バルド

（中煎り）

丸山珈琲初のエクアドルコーヒー。2013 年にエクアドルのコーヒーの品評会に丸山さんが招かれたことがきっかけとなり、エクアドルコーヒーの買付けが実現。このロットはエクアドル南部のロハ県カルバスにあるキンタ・エル・チョロ農園産で、「セルビオ・バルド」とは生産者の名前。花のような香り、リンゴ、ブドウを思わせる風味があり、さわやかな後味が特徴。

ケニア

ケニア・ツングリ

（中煎り）

ケニアの首都ナイロビから115km 離れたニエリ地区のコーヒー。同地区は標高1600 m の丘陵地帯にあり、冷涼な気候、有機物質を多く含んだ肥沃な土壌など、コーヒー栽培の地理的条件に恵まれている。サクランボ、マンゴーを思わせる、甘みの強いコーヒー。「ツングリ」とは生産処理場の名前。

ケニア・カリンガ

（中煎り）

カリンガ・ファクトリー（生産処理場）は、首都ナイロビから 100km ほど離れたキアンブ県ティカ地区にある。ティカ地区は茶の栽培地域であり、茶畑に囲まれているユニークな産地だ。サクランボやオレンジのような風味、花のような香りが特徴。

ブルンディ

ブルンディ・ムバンガ

（中煎り）

2012 年より行われている COE をきっかけに、スペシャルティコーヒーの優良産地として注目を集めているブルンディ。ムバンガ・ウォッシングステーション（生産処理場）とのつき合いは 11 年から。プラムやミルクチョコレートを思わせる風味と、花のような香りが特徴だ。

エチオピア

エチオピア・ハチラ

（中煎り）

「パナマ・リチェロ・ゲイシャ・エステート12」と同様、ナインティ・プラス社のコーヒーで、レモンやライムを思わせるさわやかな風味と、フローラルかつハーブのような香りをもつ。商品名の「ハチラ」はこのコーヒーのコンセプトを表す造語であり、特定の風味、特性、味のプロファイルをもったエチオピアのコーヒーにのみ、この名前がつけられている。

エチオピア・ネキセ

（中煎り）

「ハチラ」と同様、ナインティ・プラス社のコンセプトに基づいてつくられたコーヒー。イチゴやメロンを思わせる風味があり、長く残る華やかな甘みが特徴。

インドネシア

インドネシア・スマトラ・アチェ・タケンゴン

（深煎り）

スマトラ島北西部のアチェ州タケンゴン地区のコーヒー。チョコレートやハーブ、スパイスを思わせる風味が特徴的。丸山さんがインドネシアを訪問した際、たまたまカッピングしてその味を気に入り、産地を訪ねたそう。

有機シングルコーヒー

……JAS 有機認定を受けたコーヒー

有機コーヒー ボリビア・ヴィジャ・ロサリオ

（中煎り）

ボリビアは、コーヒーの栽培に適した気候と肥沃な土壌に恵まれ、有機栽培を行う農園が多い。「ヴィジャ・ロサリオ」はコロニー（コミュニティ）の名前。リンゴ、キャラメルを思わせる風味をもち、バランスのとれた味わい。

ディカフェ

……カフェインを 99.9％除去した、カフェインレスコーヒー

ホンジュラス・ディカフェ

（中煎り）

毎年買付けを行っているホンジュラスのカングアル村のコーヒーを、カナダ・スイスウォーター社に送ってディカフェにしたロット。ミルクチョコレートやキャラメルを思わせる風味で、やさしい甘みとやわらかい口あたりが特徴。

エチオピア・ディカフェ・ナチュラル

（中煎り）

カナダ・スイスウォーター社でつくられたディカフェコーヒー。完熟のコーヒーチェリーだけを使用しており、ベリー類やモモの風味を感じさせる華やかで豊かな甘みがある。

丸山珈琲のシングルオリジン

（2014 年 12 月のラインアップ）

パナマ

パナマ・エリダ・ゲイシャ・グリーンティップ

（中煎り）

チリキ県ボケーテ地区にある、エリダ農園のコーヒー。中米でもっとも高い火山の一つ、バル火山の裾野にひろがる肥沃な土壌で栽培されたコーヒーは、豊かな甘みと複雑な酸味がある。エリダ農園では、ゲイシャ種を葉の色によって「グリーンティップ」と「ブラウンティップ」の 2 種類に分けており、グリーンティップの木から収穫されたコーヒー豆は、より高い評価を得ている。

コロンビア

コロンビア・カーサロマ

（深煎り）

コロンビア南部の優良産地の一つ、ウィラ県アセベド地区のカーサロマ農園のコーヒー。ビターキャラメルやカシスを思わせる風味で、重量感のある甘い余韻が特徴。カーサロマ農園は、COE 入賞経験のある生産者が多数加盟しているサン・イシードログループに所属。同グループは、コーヒーの生産だけでなく、水源を守るために近隣の原生林を買いとって保護するなど、自然保護にも力を入れている。

ブラジル

2013 年ブラジルアーリーハーベスト COE 1位

シティオ・サン・フランシスコ・デ・アシス

（中煎り）

カルモ・デ・ミナス地区のシティオ・サン・フランシスコ・デ・アシス農園は、丸山珈琲とは長年のつき合いのシティオ・ダ・トーレ農園のオーナー、アルヴァーロさんの妹マリッサさんが所有する農園。完熟したコーヒーチェリーだけを選んで手摘みし、乾燥工程ではコーヒーチェリーを薄くひろげて 1 日 20 回攪拌するなど、手間をかけて安定した品質のコーヒーをつくり出している。オレンジ、サクランボ、キャラメルのような風味と、花のような香りをもつ。

ブラジル・サマンバイア・カチグア・ナチュラル

（中煎り）

ミナス・ジェライス州スル・デ・ミナス地区サント・アントニオ・ド・アンパーロにあるサマンバイア農園の、カチグア種のコーヒー。カチグア種とは、イエローカトゥアイとティモールのハイブリッド種との交配種で、オーナーのカンブライアさんがこの品種に大きなポテンシャルを感じ、2011 年より栽培を開始。ハチミツ、ナッツ、スパイス、完熟したフルーツのような風味があり、舌ざわりは軽やか。甘い後味も特徴的。

ブラジル・カルモ・デ・ミナス・イペ

（中煎り）

カルモ・デ・ミナス地区のイペ農園のコーヒー。同農園は、COE 優勝、入賞ロットを多数つくり出しているセルトングループを代表する農園の一つで、農園名はセルトングループの創始者、イシードロ・ペレイラさんの頭文字（IP）をとって名づけられたという。ミルクチョコレート、オレンジの風味と、ほのかな花の香りをもつ。

コスタリカ

コスタリカ・サンタ・ローサ 1900 ラ・プラザ・ナチュラル

（中煎り）

サンタ・ローサ 1900 の特別ロット「ナチュラルプロセス」。サンタ・ローサ 1900 は、コスタリカ・タラス地区の山間部にある、優良マイクロミル。COE 入賞経験もある。サクランボ、プラム、メロン、ハチミツなどさまざまな風味を思わせる、華やかで奥行のある味わい。

コスタリカ・シンリミテス

（中煎り）

コスタリカの優良産地の一つ、ウエストバリー地区にあるマイクロミル「シンリミテス」のコーヒーは、丸山珈琲で毎年紹介していて、多くのファンをもつ。オーナーのハイメ・カルデナスさんと丸山珈琲とのつき合いは 2005 年から。14 年のロットは、彼の所有するエマニュエル農園で栽培されたコーヒーチェリーを使用。リンゴ、オレンジ、チョコレートを思わせる風味。

コスタリカ・ブルマス

（深煎り）

セントラルバリー地区のマイクロミル「ブルマス・デル・スルキ」のコーヒー。オーナーのファン・ラモンさんは、農学博士でもあり、現在コスタリカのマイクロミルでポピュラーな生産処理方法であるハニープロセス（パルプトナチュラル）を確立し、普及させた人物。2012 年 COE 優勝の経験もある。ダークチョコレート、黒糖を思わせる味わい。

ホンジュラス

ホンジュラス・マリア・アルカディア
（中煎り）

ホンジュラスでは西部のカングアル村を毎年欠かさず訪問し、より高品質のコーヒーをつくってもらえるように話合いを重ねているという丸山さん。商品名にもなっているマリア・アルカディアさんは、そのカングアル村のコーヒー生産者グループのメンバー。マリアさんの農園は、カングアル村のなかでも標高の高い場所にあり、同エリアのコーヒーのなかでも抜きん出てすばらしいという。サクランボ、青リンゴ、モモのような風味と、花のような香りが特徴。

ホンジュラス・オーランド・アリータ
（中煎り）

ホンジュラス西部、エルサルバドルやグアテマラとの国境に近いエリアにある、オーランド・アリータさんの農園のコーヒー。同農園では、生産処理に関して専任の担当者を配置し、コーヒーチェリーの選別や乾燥作業を徹底した管理のもとで行っている。オレンジ、ナッツ、サクランボの風味を彷彿させ、舌ざわりはなめらか。

エクアドル

エクアドル・ブエナビスタ
（中煎り）

エクアドル北部のブエナビスタ農園のコーヒー。エクアドルのコーヒーの味わいの特徴は、北部であれば隣接するコロンビア・ナリーニョ地方の味に近く、南部であれば隣接するペルーの味に近い。このコーヒーも、コロンビアのコーヒーに似た特徴をもち、上質で豊かな酸味と甘みが印象的。ブドウ、カカオを思わせる風味をもち、ジューシーでシロップのようななめらかな質感がある。

グアテマラ

グアテマラ・ラ・ベンディシオン・サンドライ
（中煎り）

優良農園が多く存在することで知られる、グアテマラ西部のウエウエテナンゴ県のラ・ベンディシオン農園のコーヒー。この農園は朝日のあたる山の尾根にあり、年間雨量は1300～1400㎜と、コーヒー栽培には恵まれた環境だ。この環境が、チョコレートのような重厚さと華やかさのあるリッチなコーヒーを生み出している。

グアテマラ・ラ・ブレア
（深煎り）

→ 2014 年 6 月のラインアップを参照。

ケニア

ケニア・カラティナ
（中煎り）

ケニアのニエリ県マチラにあるカラティナ・ファクトリーのコーヒー。ニエリ県はケニア山の南麓に位置。標高の高さ、水はけのよい肥沃な火山性土壌など地理的条件に恵まれ、最高品質のコーヒーを産出するエリアとして知られている。カラティナ・ファクトリーには、約 970 名の生産者が加盟しており、毎年安定した品質のコーヒーをつくっている。プラムやアプリコット、サクランボを思わせる、ジューシーでさわやかな味わい。

エチオピア

エチオピア・イルガチェフェ・ボルボヤ
（中煎り）

エチオピアの優良産地、オロミア州ボレナ地域の、ボルボヤステーションのコーヒー。ステーションとは、共同生産処理場のことで、ボルボヤステーションには約 670 名の生産者のコーヒーチェリーが持ち込まれている。ジャスミンのような香りと、レモン、サクランボ、ハチミツのような風味をもつ。

エチオピア・ネキセ・レッド
（中煎り）

ナインティ・プラス社の「ネキセ」（2014 年 6 月のラインアップを参照）の特別ロット。通常のネキセよりもさらに甘みが強く、トロピカルフルーツや熟した果実を思わせる風味。厚みのある質感、複雑な酸味、豊かなフレーバーをもつ。

インドネシア

インドネシア・アチェ・テンガ
（深煎り）

スマトラ島北西部にあるラウトタワール湖周辺のアチェ州テンガ地区の小規模生産者がつくるコーヒー。ダークチョコレート、キャラメル、スパイスやハーブのような風味をもち、とろりとした舌ざわり。

各国の好みが表れる
スペシャルティコーヒーの買付け現場

産地では、同じ輸出業者から買い付けているアメリカやヨーロッパのバイヤーと一緒に行動することがあります。基本的には競争相手なのですが、それぞれ国が離れていることもあり、また同じ業界に生きる者として、お互い友好関係にあります。スペシャルティコーヒー、それも最上級のものを探しているのであれば、お互いの苦労はよくわかり、すぐに友人になれるのです。

産地のツアーでは、農園や生産者組合などを巡り、コーヒーの木の生育状態や農園全体がどのようにマネージメントされているかなどを見て回ります。そして、その地域の農園の豆をいくつか並べてカッピングすることになります。そのとき興味深いのが、各国のバイヤーが求めているものの違いです。アメリカ、ヨーロッパ、日本のバイヤーでは、コーヒーの風味に対して求めるものが明らかに違うのです。

アメリカのバイヤーたちは、フレーバーが強いもの、酸が強くパワフルなものを好みます。彼らとカッピングして面白いと思うのは、さまざまなフレーバーをお菓子や飲料などの具体的な商品名で例えたりするところです。日本人の私にはわからないことが多いのですが、聞いていて面白いです。味のきれいさや微妙な酸の質についての評価は甘めで、こちらは日本人のほうがうるさいです。一般的な傾向としてアメリカの消費者はわかりやすくインパクトの強いものを求めるので、バイヤーもそのようなコーヒーを選ぶのでしょう。

それに対してヨーロッパのバイヤーは、ボディのあるものを好む傾向があります。「この豆はエスプレッソに向いている」というようなコメントは、ヨーロッパのカッパーから出てくることが多いです。また、フェアトレードやオーガニックといった認証コーヒーの需要が多いようで、認証の有無をよく生産者にたずねています。農園とのつき合いも、比較的長期間にわたり、じっくりとつき合っていくケースが多いように思います。

日本のバイヤーはどうでしょうか？　日本の消費者は酸味が苦手だ、とよく言われますが、そうではなくて酸味にうるさいのだと私は思います。だから当然、バイヤーたちも酸の質にうるさくなります。ちょっとでも刺すようなものやざらつくようなものが酸にあるとお客さまからクレームをいただきますので、酸の質には厳しくなりがちです。後味のきれいさにも日本人はうるさいと思います。

このように各国のバイヤーは、それぞれに好みの違うマーケットを抱えており、微妙に買付けの仕方が異なるので、うまく棲み分けができています。ときに同じものを皆がほしがり、とり合いになることもありますが、そこはトップオブトップの素材を探すバイヤー同士、さまざまな国で行動をともにしている仲なので、シェアするかたちになることが多いです。

最近は、オーストラリアやニュージーランド、韓国や台湾のバイヤーも加わり、競争が激しくなってきています。スペシャルティコーヒーロースターの増加も目覚ましく、カップ・オブ・エクセレンスオークションなどでもどんどん新しい落札会社が増えています。これに将来、中国のバイヤーが本格的に参入してきたらどんなことになるでしょう？

需要に対して供給が追いついていないスペシャルティコーヒーのマーケット。情報交換やそれぞれ助け合うという意味で、国を越えたバイヤー同士の連帯を図らないと、これからますます厳しくなる原料調達競争で生き残れないのではないかと考えています。国際的視野に立った戦略的な考え方がますます必要になってきていると言えるでしょう。

コロンビアで、各国のバイヤーと産地巡り。

食事も楽しみの一つ。いろいろな情報交換の場にもなる。

産地では小型機での移動もよくあること。

「フロム シード トゥ カップ（from seed to cup）」をめざして

世界の産地からとり寄せたコーヒーは、
旗艦店の小諸店に併設した工場で焙煎し、品質を確認して、商品化する。
「多くのお客さまに高品質なコーヒー豆を紹介することが事業の目的」と丸山さん。
カフェを付帯した店舗を展開しているのも、コーヒー豆を売るための手段の一つ。
豆の個性を生かせるよう、抽出にも細心の注意を払っており、
フレンチプレス、エスプレッソ、ドリップ、サイフォンなど、
コーヒーの抽出法を選べるようにしているのも特徴だ。
「コーヒーのメッセンジャー」でもあるバリスタの教育にも力を入れている。
日本でもトップクラスのバリスタが店舗にいるのも丸山珈琲の魅力の一つ。
豆の買付けから、焙煎、抽出、販売まで、コーヒーのすべての仕事に携わり、
「フロム シード トゥ カップ」を実践している丸山珈琲の一連の仕事を見ていこう。

焙煎

豆の変化を見極め、個性を引き出す

焙煎工場の奥にある生豆の保管スペース。産地から運ばれたコーヒー豆は神奈川・横浜の定温倉庫で管理し、毎週トラックで小諸店に併設した焙煎工場に配送。同店では約10日ぶんの豆をストックしており、約15ヵ国40種類の豆がある。生豆は、焙煎する前に穀物用の選別機にかけ、夾雑物を除去する。

今はバイヤーとして世界中を駆け巡る丸山さんだが、1991年のオープンから約10年間は、日夜コーヒーの焙煎作業に心血を注いでいたという。「そもそも、コーヒーを職業に決めたのは、自家焙煎をやりたかったから。専門職として生涯探求できるテーマですし、焙煎機さえあれば無店舗でも営業できる点にも惹かれました」と丸山さん。知人に紹介してもらった東京の自家焙煎コーヒー店のオーナーにアドバイスをもらいながら、自己流で焙煎技術を身につけた。

オープン当初は、喫茶業界では深煎りが人気で、丸山珈琲でも主力は深煎り。浅煎りや中煎りもそろえていたが、それらもなるべく酸味を出さないように気をつけていたそう。「当時、酸味のあるコーヒーには、"生焙け"というイメージをもっていました」と丸山さん。焙煎においては、とにかく酸味を抑える、雑味を消す、甘みとこくを出す、ということに気を配っていた。

しかし、オープンから10年を経て、スペシャルティコーヒーを扱うようになって、丸山さんの焙煎に関する考え方が一変した。「カップ・オブ・エクセレンスで入賞した豆をはじめて焙煎したとき、酸味を消したいと思って深く焙いても、酸味は消えずにしっかり残っていた。ショックでしたね。これまでとは違うコーヒーにふれ、焙煎に対する考えをあらためました。おいしいコーヒー

2008年オープンの小諸店は、丸山珈琲の旗艦店。焙煎工場、バリスタのトレーニングルームも併設している。

をつくるには、もちろん焙煎も大切な要素だけど、いちばんは豆なんだと」（丸山さん）。

豆のもつ個性を引き出すため、焙煎は深煎り重視から、中煎り中心にシフト。また焙煎は、豆を釜に投入後、弱火で生豆の水分を飛ばす「水分抜き」という作業を経てから、火力を強くして豆の風味を引き出していくが、丸山さんいわく「水分抜きに時間をかけすぎると、フレーバーの出方が弱くなってしまう。釜の性能がよければ水分抜きの効率もよくなるので、水分抜きにそれほど時間をかける必要はなくなりました」。焙煎時間をそれまでよりも短くし、豆の個性をしっかり残すことを心がけるようになったという。

*

丸山珈琲の焙煎工場には、アメリカのローリング社製「スマートロースター」35kgタイプと70kgタイプの2台を導入しており、現在1日に約30釜（約700kg）、年間で約250tの豆を焙煎している。スマートロースターは完全熱風式で、コーヒー豆の外側に過度なダメージを与えることなく、豆の芯にまでしっかり火を通すことができる。1℃単位の細かな温度設定ができ、タッチパネルで温度コントロールが容易にできる点もスマートロースターの特徴。プロファイルを入力すれば全自動での焙煎も可能だ。

しかし、丸山珈琲では、全自動焙煎は行っていない。4人の焙煎スタッフが、豆の色や香りを確認しながら手動で火力の調節を行っている。「全自動で焙煎しても同じ味になるという説明は受けたのですが、私はそうは思いません（笑）。『豆を焙く』ことは誰にでもできますが、『その豆がもつ個性を引き出す』ことは経験に基づく職人の勘が必要なんです」と丸山さん。

焙煎時間はおよそ10～15分。おいしいコーヒーをつくるには、その間にいくつものポイントがあるという。たとえば生豆を投入

焙煎工場にはアメリカ・ローリング社の「スマートロースター」を2台設置。手前が70kgタイプで、奥が35kg。焙煎工場はガラス張りで、売り場からも焙煎の様子を見ることができる。

したあとの約１分間は、豆にストレスをかけないよう、火力はやや抑えめに。徐々に火力を上げて加熱し、水分が抜けて豆の中まで熱が入り、こうばしい香りが出てきたら、火力をさらに上げ、コーヒーのキャラクターを引き出していく。１ハゼがはじまる前と１ハゼが終わったときの温度、２ハゼがはじまるときの温度、煎り止めのタイミングも重要なポイントだ。

＊

「約 15 分の間に、いくつもの分岐点があり、そのつど焙煎士は決断しなければなりません」と丸山さんは言う。生豆を投入してから、頻繁にスプーンを抜いて豆の色や膨らみ方、香りを確認するのが、丸山珈琲のやり方。豆の変化を把握することが何よりも大事だと丸山さんは話す。「マニュアル化できないのが、焙煎の難しさ。たとえ私が後ろに立ってスタッフに逐一指示したとしても、不思議なことに同じ味にはなりません。ですから当店では、でき上がりのコーヒーの味のイメージを共有し、それぞれのやり方で焙煎して、同じ味を再現できればと思っています。豆の変化を見極め、各ポイントで適切な火力を与えて理想の味を再現できるよう、経験を積むことが大事です」。

スペシャルティコーヒーを扱うようになって、ますます焙煎が楽しくなったという丸山さん。個性豊かな豆の、それぞれのもち味を最大限に引き出すことにやりがいを感じている。

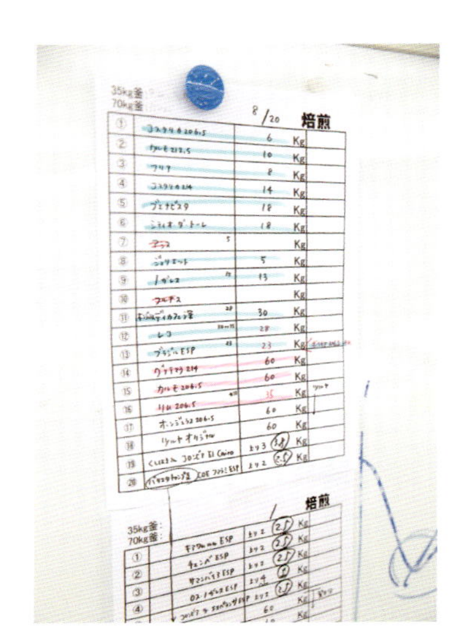

１日の焙煎スケジュール。卸先や直営店の増加にともない焙煎量は年々増えており、現在は１日約 30 釜（約 700kg）、年間で約 250t を焙煎している。

丸山さんと焙煎担当スタッフ。同店の焙煎担当スタッフは、豆を焙煎するうえで必要なカッピングスキルや、コーヒーの味を的確に伝える表現力なども求められる。

▶コーヒー豆の焙煎度合

左から、エルサルバドルの深煎り（煎り止めの豆温度 232℃）、中煎り（同 219℃）、浅煎り（同 216℃）。丸山珈琲では、焙煎度合を 216 ～ 217℃（浅煎り）、218 ～ 219℃（中煎り）、226℃（中深煎り）、227 ～ 228℃（以降深煎り）、229 ～ 230℃、231 ～ 232℃、237℃の 7 つに分けている。

▶焙煎のプロセス

1 上／コロンビアを3.8kg焙煎。カートに入れた生豆は、ドラム投入口まで吸い上げられる。カートには生豆の計量機能と夾雑物を除去するための磁石がとりつけられている。左／35kgタイプのスマートロースターは、2008年の小諸店オープンに合わせて導入。焙煎量の増加に対応して、13年に70kgタイプも導入した。全自動での焙煎も可能だが、丸山珈琲では豆の焙け具合を確認しながら手動で焙煎を行っている。

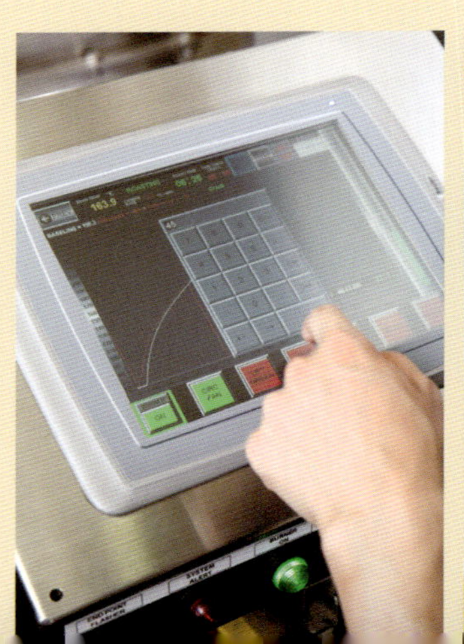

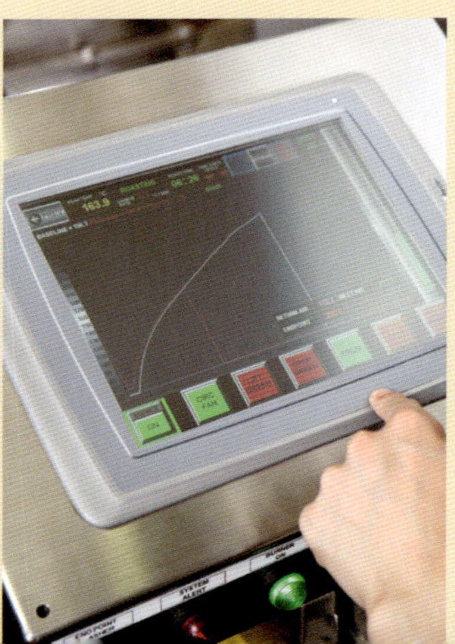

2 タッチパネルで火力を調節。画面の横軸は焙煎時間、縦軸は豆の温度を表している。グラフに表示された白いラインは前回焙煎したときのデータ、赤いラインが実際の焙煎状況。2色のラインが微妙に異なるのは、焙煎する豆の量や、釜の帯びている熱など、状況に応じて火力のコントロールも変わるため。

3 焙煎機は、生豆投入前にあらかじめ温めておく。生豆投入直後（取材時は150℃で生豆を投入）、釜は60℃まで下がり、その後豆にストレスをかけないよう、数十秒単位で徐々に火力を上げていく。ほんの数秒で味わいや香りが変化するので、焙煎スタッフは頻繁にドラムからスプーンを抜いて、豆の色や形状、香りをチェック。

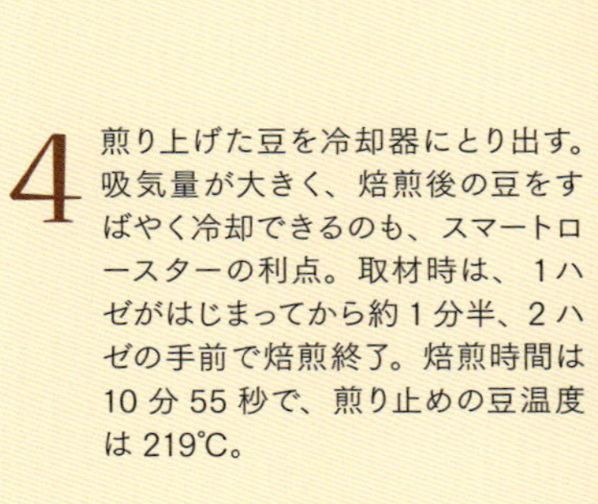

4 煎り上げた豆を冷却器にとり出す。吸気量が大きく、焙煎後の豆をすばやく冷却できるのも、スマートロースターの利点。取材時は、1ハゼがはじまってから約1分半、2ハゼの手前で焙煎終了。焙煎時間は10分55秒で、煎り止めの豆温度は219℃。

カッピング

1杯のコーヒーを8項目で評価

スペシャルティコーヒーとは何か? 「簡単に言うと、生産地の気候や土壌などの特性が抽出液の中に反映された、高品質のおいしいコーヒーのことです」と、丸山さんは言う。それでは、そのコーヒーの"おいしさ"はどう判定されるのか? 丸山さんは「スペシャルティコーヒーを判定するためにつくられた、『カッピングフォーム』を使って判断します」と話す。

日本スペシャルティコーヒー協会をはじめ、アメリカスペシャルティコーヒー協会、ヨーロッパスペシャルティコーヒー協会など、世界各国にスペシャルティコーヒーの関連団体があるが、その評価基準は近年統一化されてきた。「カッピング」というテイスティング作業を行い、平均して80点以上の点数がつくコーヒー豆がスペシャルティコーヒーと呼ばれている。なかでも、生産国10ヵ国で開催されているカップ・オブ・エクセレンス(COE)は、世界中のバイヤーが注目。COEは、世界各国の複数の審査員によるカッピングで審査され、平均85点以上で称号が授与される。

丸山珈琲では、コーヒーの味を確認する際は、COEのカッピングフォームを利用している。シート(52頁参照)の上段に書かれた評価項目に沿ってコーヒーの味を細かく判断していくのだ。

*

まずシートのいちばん左に書かれている「ROAST(ロースト)」。これは、焙煎豆の色のチェック。カッピングは、やや浅めの中煎り(ミディアムハイ)で行うのが一般的だ。「欠点豆を判断するには浅煎りのほうが適しているのですが、あまり浅いとスペシャルティコーヒー独特のフレーバーを感じとりにくいので、ミディアムハイで行います」と丸山さん。

「AROMA(アロマ)」は、コーヒー豆を挽いた状態、湯を注いでカップの表面に粉の膜が浮いた状態、粉の膜をかき壊した

国内外を問わず、数々のコーヒー豆品評会でカッパーとして活躍する丸山さん。「世界でもっとも多くの品評会に出席するカッパー」と呼ばれているそう。

つねに一定の条件で味をみるのが大前提。カッピングボウルには中～中細挽きの豆11gを入れ、92～95℃の湯を注ぐ。

状態の、それぞれの香りをみる。「DEFECTS（ディフェクト）」は、カビ臭や発酵臭、化学薬品のにおいなどをチェックするが、「もっとも、この項目は、現在はほとんど使われていません。品評会に出品されるコーヒーにこうした欠点のある豆はほぼなくなってきましたから」（丸山さん）。

「CLEAN CUP（クリーンカップ）」は、味のきれいさ、雑味のなさを評価する。この項目からは、実際にコーヒーを口に含んでテイスティング。コーヒーをスプーンですくい、強く吸い込んで霧状に口中にひろげ、味を分析していく。

「SWEET（スイート）」は甘み。「ACIDITY（アシディティ）」は酸味。酸味に関しては、質の評価を横軸に、ボリュームの評価を縦軸に記入する。「以前はボリュームに対する評価軸しかなく、とがったような酸味でもボリュームが大きいと高得点になりがちでした。そこで、質とボリュームの2つのチェック欄を設けて、酸の質をより正確に判断しようと変更されたのです」（丸山さん）。

「MOUTHFEEL（マウスフィール）」。これは、口にコーヒーを含んだときの質感の評価。これも質とボリュームに分けて、チェック欄が設けられている。「FLAVOR（フレーバー）」は風味。「AFTERTASTE（アフターテイスト）」では後味、「BALANCE（バランス）」では全体の味のバランスをみる。「OVERALL（オーバーオール）」は、テイスターの個人的評価だ。

「CLEAN CUP」から「OVERALL」までの8項目は、各8点満点で採点。これに基礎点36点をプラスして、100点満点で評価する。ここで複数のテイスターがつけた点数の平均が80点以上であれば、スペシャルティコーヒーと言うことができる。

*

「1杯のコーヒーに、これだけ判断しなければならない項目があるわけです。品評会では、1時間かけて、温度帯を変えて、

シート上段に書かれた8つの評価項目に沿って、コーヒーの味を判断する。カッパーの点数の平均が80点以上であれば、スペシャルティコーヒーとみなされる。

何回も味を確認し、チェックします」と丸山さん。

小諸店に併設した焙煎工場でも、カッピングは頻繁に行われている。たとえば、サンプルの豆をテストするとき、選んだ豆が実際に納品されたとき、商品化の前に本釜で焙いたとき……。各段階で焙煎チームの4人のスタッフと、品質管理担当スタッフ1人、そして丸山さんが、品評会と同様の手順で味をみる。

「サンプルで味をみたときは85点以上だった豆が、店舗に納品され、ふたたびカッピングすると1～2ポイント下がるケースもある。そうした場合、当初はシングルで販売しようと思っていたけれど、ブレンド用に使用するというような変更もあります。もちろん、80点をクリアしているので、高品質な豆ではあるのですが」と丸山さん。誰が飲んでも"おいしい"と評価されるコーヒーを提供する。スペシャルティコーヒーを看板に掲げるうえで、カッピング技術は必要不可欠と言える。

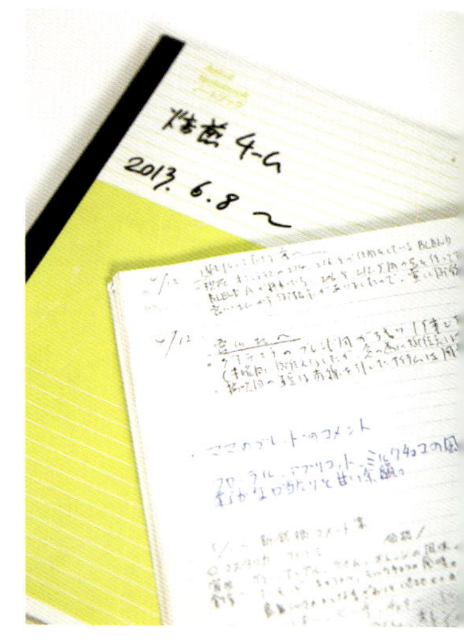

焙煎スタッフのカッピングのコメントが記されたノート(写真上)。コーヒーもワインと同様、味の特徴をフルーツやスパイスなどで表すことが多く、このコメントをすり合わせてお客にわたす商品案内(下)を作成している。

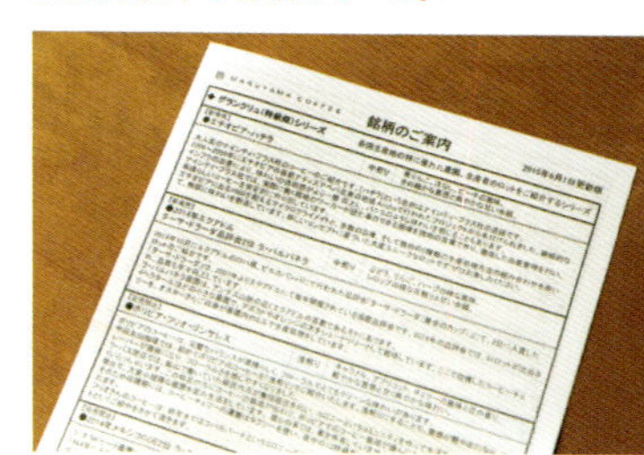

コーヒーの風味・香りの表現の例

チョコレートを思わせる風味 ―――― ビターチョコレート、ミルクチョコレート

ナッツを思わせる風味 ―――― アーモンド、ヘーゼルナッツ、ピーナッツなど

ハーブ・スパイスを思わせる風味 ―――― **甘いタイプ**……ローズマリー、アニス、レモングラスなど
辛いタイプ……コショウなど

フルーツを思わせる風味 ―――― **柑橘系**……レモン、グレープフルーツ、オレンジなど
ベリー系……ラズベリー、ブルーベリー、ブラックベリーなど
トロピカルフルーツ系……キウイ、マンゴー、バナナ、パッションフルーツ、パイナップル、パパイヤなど
リンゴ……リンゴ、青リンゴ

花を思わせる香り ―――― ジャスミン、バラ、スミレなど

▶カッピングフォーム

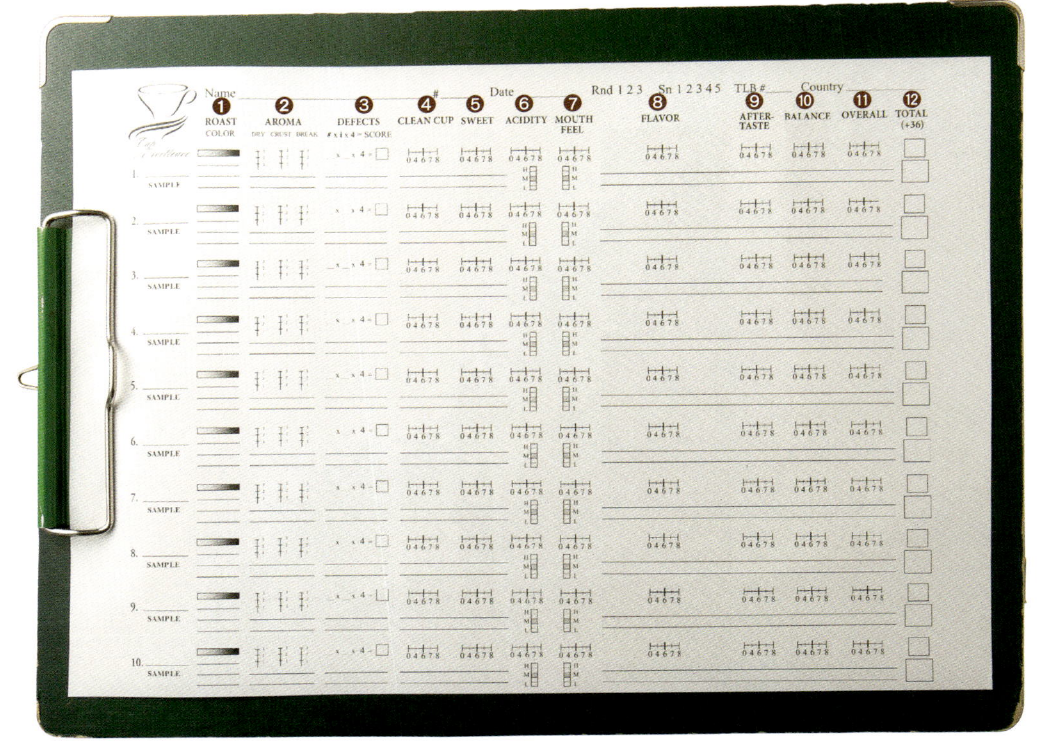

カップ・オブ・エクセレンスで使用されているカッピングフォーム。

ROAST ❶ロースト

焙煎豆の色のチェック。通常はやや浅めの中煎り（ミディアムハイ）で行う。

AROMA ❷アロマ

コーヒー豆を挽いた状態（DRY ドライ）、湯を注いでカップの表面に粉の膜が浮いた状態（CRUST クラスト）、粉の膜をかき壊した状態（BREAK ブレイク）、それぞれの状態での香りをチェックする。

DEFECTS ❸ディフェクト

カビ臭や発酵臭、化学薬品のにおいなどをチェック。これらのにおいは減点の対象となるが、スペシャルティコーヒーのカッピングではほとんど感じることはない。

CLEAN CUP ❹クリーンカップ

味のきれいさ、雑味のなさを評価。豆のキャラクターを感じとるためには、透明感のある味わいでなければならない。

SWEET ❺スイート

コーヒー豆がもつ、甘みの評価。コーヒーの品質は、口中に良質な甘みがひろがるかどうかで判断されることが多い。

ACIDITY ❻アシディティ

酸味の評価。酸味の“質”の評価は横軸に、“ボリューム”の評価は縦軸に記入。酸味も、酢のようなとがったものから、フルーツのような甘みをともなったものまでさまざまだ。

MOUTHFEEL ❼マウスフィール

粘りやなめらかさなど、口にコーヒーを含んだときの質感を評価する。「ACIDITY」と同様、“質”と“ボリューム”に分けてチェック。

FLAVOR ❽フレーバー

味覚と嗅覚で感じる風味を評価。柑橘類やベリー、トロピカルフルーツなどのフルーツや、花やスパイス、ナッツ、チョコレートなどに例えて、具体的なイメージを記す。

AFTERTASTE ❾アフターテイスト

後味の評価。「飲み込んだあとに花の香りがのぼってきた」というような、飲み込んだあとに残る印象をチェック。

BALANCE ❿バランス

味のバランスを評価。風味のなかで突出しすぎているものはないか、欠けたものはないかなどをチェック。

OVERALL ⓫オーバーオール

テイスターの個人的評価。ここでは、「青リンゴのフレーバーはすばらしいが、個人的には好きではない」というような主観的な好き嫌いも判断材料に。

TOTAL ⓬トータル

合計点を書き込む。「CLEAN CUP」以降の８つの項目を各８点満点で評価し、その合計に基礎点の36点をプラス。「DEFECTS」のマイナス点があれば差し引き、100点満点で評価する。

▶カッピングのプロセス

1 コロンビアの同一のエリアからから届いたサンプルA～Dをカッピング。まずはコーヒー豆の焙煎度合をチェック。豆はすべてやや浅めの中煎りにロースト。それぞれ11 gを使用。

2 豆は、カッピングの直前に挽く。豆を挽いた状態「DRY（ドライ）」で、香りの豊かさ、強さなどを確認。スコアに入らないが、3点評価でチェックし、コメントも残しておく。「AとDがよいですね。Aはミルクチョコレート、Dはフルーツの香りがします」（丸山さん）。

3 それぞれのカッピングボウルに湯（190 cc、92～95℃）を注ぎ入れると、表面に粉の膜が浮かび上がる。この状態を「CRUST（クラスト）」と言う。カップに鼻を近づけて香りを嗅ぎ、評価をシートに書き込む。「この状態ではDがいちばんよいですね。花の香りがします。Aもバターのような香りがして面白いです」。

AROMA (BREAK)

4 湯を注いで４分経ったら、表面の粉の膜をスプーンで割り、スプーンをカップの底まで入れて３～４回かき混ぜ、香りを確認する。「A はビターチョコレート、B はミルクチョコレート、C もミルクチョコレート、D はカカオの香りがしました」。

5 粉が沈んだら、表面に浮いたコーヒーのアクをとり除く。ここまででカッピングの前段階が終了。

CLEAN CUP
SWEET
ACIDITY
MOUTHFEEL
FLAVOR
AFTERTASTE
BALANCE
OVERALL

6 ここから、実際にコーヒーを口に含んで、味を評価していく。コーヒー液をスプーンですくい、口の中で霧状にひろがるように「ヒュッ」と音を立てて強くすする。香りがのどの奥から鼻に抜けるようにするのがポイント。「口に含んだコーヒーは飲んでもよいのですが、何回も飲んでいると調子が悪くなるので、私は吐き出しています」。

7 カッピングに要する時間は、約1時間。冷めていく段階での味の変化も確認しながら、各項目の点数を決めていく。ちなみに丸山さんは、温度が高いうちはフレーバーと味わいの印象を記録するだけにとどめ、湯を注いで18～20分経ってから、点数をつけはじめるという。「Aは86点、Bは87点、Cは84.5点、Dは86.5点です。AROMAの時点では、AとDがよかったんですけど、今はBがいいですね」。

8 さらに時間をおいて、再度A～Dのコーヒーをチェック。温度が変われば味の印象も変わる。より正確に判断できるように、2回め以降は順番を入れ替えて、先ほどつけた点数の高い順にチェックする。「2回めの結果は、Bが86.5点。先ほどはちょっと高くつけすぎました。Dはさっき飲んだときよりもよかったので87.5点になりました」。

9 丸山さんの場合、採点は、最低3回は行うそう。そして、いちばん最後につけた点数をシートに書き込む。「だいたい50℃くらいのときがいちばん味をみやすいですね。熱いと、揮発性の成分もいろいろ出るから、本来の味がわかりにくい。冷めるにつれて評価の高くなるコーヒーは、体験上よいコーヒーだと思います」。

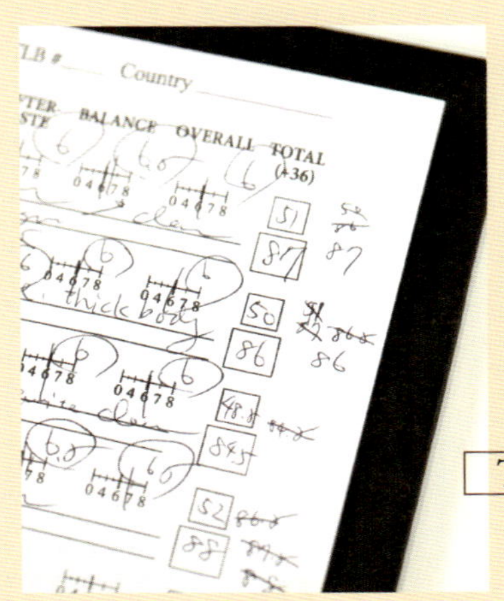

TOTAL

10 最終的なスコアは、A87点、B86点、C84.5点、D88点。「Aは、オレンジ、スイカのようなフレーバーがあり、冷めるにつれて味がクリアになって黒糖のような甘みもひろがりました。Bは、青リンゴ、チョコレートのような風味があり、ボディの厚みもあったのですが、冷めるにつれて徐々に味にきれいさがなくなってきたので87点から86点に。Cは、サクランボやチョコレートの風味が感じられるものの味のきれいさに欠ける。冷めたときには、青っぽい、野菜っぽい味も出てきた。Dは、花の香りを強く感じました。冷めるにつれてメロンのような味もひろがり、華やかな味わいでした。最後に残った甘みも印象的でした」。

ブレンドづくり

季節のブレンドは、軽井沢の四季がテーマ

シングルオリジンを常時約20品そろえている丸山珈琲は、ブレンドの品ぞろえも豊富だ。定番、季節商品、直営店舗オリジナルブレンドを合わせ、年間で約30品をラインアップしている。

「商品は絞り込んだほうが経営的には効率がよいのですが、ブレンドは実際にお客さまに好評で、お客さまからの要望も多い。複数のブレンドを用意して、こちらから味のイメージや飲むシーンを提案することで、コーヒーのことをあまり知らないお客さまにも、コーヒーを選ぶ楽しさを感じていただければと思っています」と丸山さんは話す。

定番は、クリアで甘みをともなったさわやかな味わいの浅煎り「ドゥルセ」(スペイン語で「甘い」の意)、中煎りでバランスのよい味わいに仕上げた「セロ」(「ゼロ」の意。お客が選ぶ際に基準となる焙煎度合という意味が込められている)、チョコレートやキャラメルのような風味で、しっかりとした質感も感じられる中深煎りの「クレモーソ」(「クリーミー」の意)、チョコレート感を強めた深煎りの「丸山珈琲のブレンド」、そしてエチオピアをメインにしたモカブレンド「茜すみれ」(中煎り)の5品。

「定番ブレンドは、飲みやすさを第一に考え、苦み、甘み、酸味、こくのバランスのよい味をめざしています」と丸山さんが言う通り、深煎り、中深煎り、中煎り、浅煎りと焙煎度の違うものをそろえ、それぞれ個性をもたせながら、いずれも万人に好まれるような味わいに仕上げているのが特徴だ。

*

季節のブレンドは、春夏秋冬の各季節でそれぞれ中煎りと深煎りを1品ずつ用意。さらに各季節の旬のコーヒー豆を使用したスペシャルブレンドを1品販売している。たとえば秋は、9月1日～11月30日の期間限定で、「シンフォニア」と「ノーチェ」、「秋のスペシャルブレンド」を提供する。

店頭に並ぶ季節のブレンド。夏は、「ウッドノート」「ヴェルデ」「夏のスペシャルブレンド」を販売。季節のスペシャルブレンドは、その時期の選りすぐりの豆を使用した高品位商品だ。2014年夏はエルサルバドルのモンテ・シオン農園、ケニア・ツングリ、コスタリカ・タラス、メキシコのカニャーダ・フリア農園の豆を使用。お客が味をイメージしやすいように、味の印象を明記したポップを立てている。

シンフォニアは、秋の軽井沢の紅葉をイメージしてつくる中煎りブレンドで、複数のフレーバーが重層的にひろがる華やかな味わいを特徴としている。「赤やオレンジ、黄色に染まった紅葉の色のグラデーションが、シンフォニー（交響曲）の音の重なりを彷彿とさせるので、この名前をつけました」と丸山さんは言う。

一方「ノーチェ」は、スペイン語で夜の意味。「秋の夜長にのんびりと読書をしながら飲んでいただきたい。そんな落ち着いた雰囲気を演出する深煎りのコーヒーです」と丸山さん。シンフォニアとノーチェは秋の季節ブレンドとして毎年提供しているが、入荷するコーヒー豆は毎年異なるため、ブレンドされているコーヒー豆の産地や配合も毎年異なる。「ですから、当店では各商品のコンセプトを明確にし、それをスタッフ全員で共有して、毎年その商品のイメージが感じられる味（＝ブレンド）をつくっています」（丸山さん）。

ちなみに夏のブレンドは、木立から聞こえてくる鳥のさえずりをイメージしたさわやかな中煎りの「ウッドノート」と、生き生きとした濃い緑を表現した深煎りの「ヴェルデ」。冬は透明感のある冬の軽井沢をテーマにした「ダイアモンド・ダスト」（深煎り）と「ダイアモンド・ダスト・ライト」（中煎り）を販売。いずれも丸山珈琲発祥の地である軽井沢の自然をモチーフにしているのがユニークだ。

それから、店舗ごとにオリジナルブレンドも用意しているのは、軽井沢という立地柄、土産需要も考慮してのこと。また、近年は出店エリアを拡大しているため、それぞれの地域に合わせた味をつくり、お客に店に対して愛着をもってもらいたいという考えもある。

「当店ではシングルコーヒーを多数そろえていますが、コーヒーにくわしくない方にとって、シングルコーヒーは手を出しづらいものかもしれません。その点、ブレンドは安心感をもっていただけるようで、小売販売での売上げ比率はシングル4対ブレンド6と、ブレンドの人気は高い。まずは複数の種類をそろえるブレンドを入口として、お客さまにコーヒーの奥深さを楽しんでいただきたいですね」（丸山さん）。

ブレンドは100g、250g、500gの3サイズで提供。遮光性、防湿性にすぐれたパッケージは、ジッパー付きで、開封してもそのまま保存が可能だ。通常はロゴマークをデザインしたシールを貼って提供しているが、季節のイベントに合わせて販売する特別なブレンドには、カラフルなシールを貼ることも（写真奥は、敬老の日に合わせて販売した「ふくろうブレンド」）。

▶丸山珈琲の定番・季節ブレンドのラインアップ

定番ブレンド（それぞれの配合は、2015年7月時点のもの。時期によって使用する豆は変わる）

●**ドゥルセ**（浅煎り）
……浅煎りの特徴が感じられるように、クリアで甘みをともなったさわやかな味わいに仕上げた。
コスタリカ（浅）6：ボリビア（浅）4

●**セロ**（中煎り）
……スペシャルティコーヒーで感じることができるさわやかさと
なめらかな質感の両方をもち合わせたバランスのよい味わい。
このブレンドを基準にして、お客に好みの焙煎度を選んでもらう。
エルサルバドル（中）6：ブラジル（中）4

●**クレモーソ**（中深煎り）
……クリーミーでしっかりとした質感が感じられる仕上がり。
酸味は抑えられ、チョコレートやキャラメルを思わせる味わい。
グアテマラ（中深）6：ブラジル（中）3：ボリビア（深）1

●**丸山珈琲のブレンド**（深煎り）
……中深煎りで感じたチョコレート感はより深くなり、
スパイスやドライフルーツのような風味も感じられる。
エルサルバドル（深）4：グアテマラ（深）2：コスタリカ（深）2：ブルンディ（深）2

●**茜すみれ**（中煎り）
……華やかな味わいのエチオピアをベースにしたモカブレンド。2015年春までは
季節ブレンドとして提供していたが、15年7月より通年商品として定番化。
エチオピア（中）4：ブラジル（中）3：エルサルバドル（中）3

丸山珈琲のブレンド

「丸山珈琲のブレンド」は丸山さんがはじめてつくったブレンドで、1991年の発売当初はコロンビア、ブラジル、タンザニアの3種類の豆をブレンド。配合は豆の仕入れ状況に合わせて変えているが、発売から現在に至るまでベストセラーであり続けている。

季節のブレンド（それぞれの配合は、2014年のもの。毎年使用する豆は変わる）

春 ●**茜すみれ**（中煎り）……スミレの花の香りをイメージした、華やかな味わい。
エチオピア（中）7：コスタリカ（中）3　※茜すみれは2015年7月より定番化。

●**マグノリア**（深煎り）……コブシの木の力強さをイメージ。ビターで力強い甘みが特徴。
グアテマラ（深）4：ホンジュラス（深）3：コスタリカ（深）2：コスタリカ（極深）1

夏 ●**ウッドノート**（中煎り）……木立から聞こえる鳥のさえずりをイメージしたさわやかな味。
ボリビア（中）6：ブラジル（中）3：エクアドル（中）1

●**ヴェルデ**（深煎り）……夏の濃い緑をイメージし、さわやかさと重厚感の両立を意識。
ボリビア（深）6：ホンジュラス（深）2：インドネシア（深）1：エルサルバドル（深）1

秋 ●**シンフォニア**（中煎り）……軽井沢の紅葉をイメージ。複数のフレーバーが重なり、華やか。
ブラジル（中）6：グアテマラ（中深）2：エチオピア（中）1：エルサルバドル（中）1

●**ノーチェ**（深煎り）……「秋の夜に飲むコーヒー」がコンセプト。落ち着いた味わい。
ボリビア（深）4：ボリビア（中深）2：エルサルバドル（深）2：コスタリカ（深）2

冬 ●**ダイアモンド・ダスト・ライト**（中煎り）……フルーツの風味をもつ、軽やかな味わい。
ホンジュラス（中）6：コスタリカ（中）3：ケニア（中）1

●**ダイアモンド・ダスト**（深煎り）……軽井沢の冬をイメージ。透明感と爽快感を追求。
コスタリカ（深）4：ホンジュラス（深）4：エルサルバドル（深）2

ダイアモンド・ダスト・ライト

ダイアモンド・ダスト

2005年より、季節に合わせて3種類の季節ブレンドを発売。写真は、冬の軽井沢をイメージしてつくったもの。「ダイアモンド・ダスト・ライト」は中煎りで、オレンジやアプリコットを思わせる味わい。「ダイアモンド・ダスト」は深煎りで、ミルクチョコレート、ダークチェリーのような風味が感じられる。

▶丸山珈琲のブレンドづくり

（2014 年秋のブレンドの試作風景）

2014 年秋のブレンドに使用したコーヒー豆。シンフォニアは、飲みやすいブラジルをベースに、キャラメルのフレーバーをもつエルサルバドル、酸味と苦みのバランスがとれたグアテマラ、フルーツの酸味や花の香りを感じさせるエチオピアをブレンドして、紅葉を連想させる華やかな味わいに。ノーチェは、ダークチョコレートのようなフレーバーで重厚感のあるボリビアをベースに、こくのあるエルサルバドル、良質な酸味をもつコスタリカを加え、味わいに奥行を出した。

シンフォニア

ノーチェ

シンフォニア
（上から）
エチオピア（中煎り）
エルサルバドル（中煎り）
ブラジル（中煎り）
グアテマラ（中深煎り）

ノーチェ
（上から）
ボリビア（中深煎り）
エルサルバドル（深煎り）
ボリビア（深煎り）
コスタリカ（深煎り）

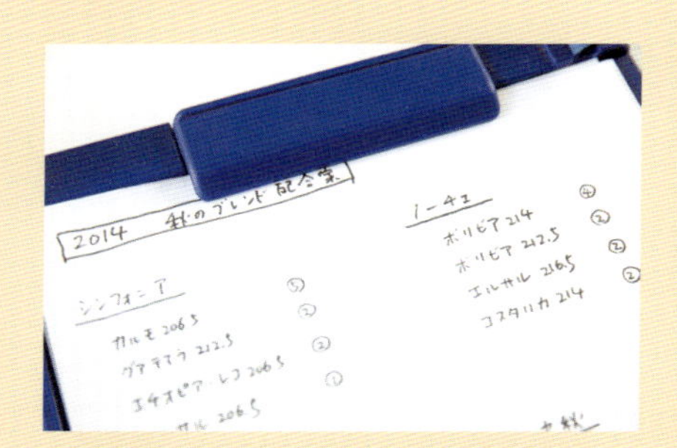

1 4 人の焙煎スタッフが試作を重ね、丸山さんに提出した、2014 年の 2 種類の秋のブレンド「シンフォニア」と「ノーチェ」の配合案。シンフォニアは、ブラジル（中煎り）5 割、グアテマラ（中深煎り）2 割、エチオピア（中煎り）2 割、エルサルバドル（中煎り）1 割。ノーチェは、ボリビア（深煎り）4 割、ボリビア（中深煎り）2 割、エルサルバドル（深煎り）2 割、コスタリカ（深煎り）2 割。この配合案を丸山さんがチェックし、OK が出れば、商品化される。

2 スタッフの配合案を丸山さんがチェック。配合案通りにブレンドした豆を挽き、まずは挽いた豆の香りを確認。「シンフォニアは、華やかな香りがしますね」（丸山さん）。カッピングボウルはシンフォニア、ノーチェそれぞれ 2 つずつ用意。あまりないことだが、欠点豆などが混じっている可能性も否定できないので、つねに複数のカップを用意してカッピングを行う。

3 ブレンドのテイスティングの手順は、通常のカッピングと同様（カッピングの手法は48頁参照）。湯をカップいっぱいに注ぎ、表面に粉の膜が浮かび上がった状態（クラスト）、表面の粉の膜をスプーンで割ってかき混ぜた状態（ブレイク）でコーヒーの香りをチェックする。

4 香りをチェックしたら、実際にコーヒーを口に含んで味をみる。丸山さんから見て、左手のカップがシンフォニアで、右手がノーチェ。「シンフォニアは、ちょっといつもの味と違うかな。鮮やかな紅葉をイメージしているのはわかるけど、あまりにも華やかだと、モカブレンドの『茜すみれ』とかぶってしまうから、気をつけたほうがよいですね」と丸山さん。エチオピアの印象が強いので、その配合比率を2割から1割に変え、ベースのブラジルを6割に変更。一方、ノーチェは「昨年よりもおいしいですね(笑)。ノーチェの特徴もよく出ているし、これはこのままでOK」。

5 シンフォニアの配合比率を変え、再度カッピング。エチオピアを1割にしたことで、華やかさを残しつつも、落ち着きのある味わいに変わった。「うん、これでいつものシンフォニアになりました。先ほどはエチオピアが2割も入っていたのですばらしく華やかな香りでしたが、シンフォニアのイメージはこちらですね」と丸山さん。入荷する豆は毎年異なるため、季節のブレンドもその年その年で使用するコーヒー豆の産地や配合が変わるが、それぞれの商品のコンセプトに味をすり合わせることで、一定の味をつくり上げ、お客の信頼と期待にこたえている。

1＋1が2以上になる!?
スペシャルティコーヒーのブレンドづくり

私が25年ほど前にコーヒーを手がけはじめたときに教わったのは、ミックスとブレンドは違う、ということでした。ただ豆を混ぜたものがミックスで、効果としては1＋1＝2。それに対してブレンドとは、1＋1が3にも4にもなる、と。混ぜたことによって何かプラスアルファの味が創造されているのがブレンド。私は今もそう思っています。

ここ最近、フレーバーに特色のあるコーヒーが増えてきました。混ぜないで単品で飲んだほうがおいしい豆はたくさんあります。あるいは特色が強すぎて、ブレンドすると味の調和がくずれてしまうとも言えます。ブレンドをつくるのが難しい時代になったのでしょうか？　いいえ。私は、それぞれの国の豆の特徴がとらえやすくなっているので、逆にブレンドの味づくりが楽しくなったなあと実感しています。

最近の豆の傾向から、ブレンドづくりで感じていることを書いてみました。参考にしていただければと思います。

●ブラジル――ブレンドの名脇役

昔からブラジルはブレンドで活躍する豆でしたが、スペシャルティコーヒー全盛の今でも、ブラジルはブレンドの名脇役です。酸はあまり強くなく、やさしい口あたりの豆が、ブラジルには多いのです。ブラジルのなかでも酸が豊かで特徴的なフレーバーをもつカルモ・デ・ミナス地区の豆ですら、中米やアフリカの高産地の豆と比べるとマイルドタイプと言えます。特徴の強い豆を生かしながら、味全体を丸みのあるものに変えてくれる、そんなやさしさがブラジルにはあります。きれいでやわらかな酸をもち、甘みの豊かなブラジルがあれば、ブレンドのレシピは大きくひろがります。中米のなかではエルサルバドルやホンジュラスが同じような効果をブレンドにもたらします。

●グアテマラ、コスタリカ
――メインとなるフレーバーをつくる

グアテマラやコスタリカは、ブレンドの主要なフレーバーとなるメインの豆にすることが多いです。どちらも高産地の豆で、中煎りにすると、豊かな酸とフルーツのフレーバーが引き出され、ブレンドの特徴となります。

●コロンビア――豊かなボディをプラス

コロンビアは、万能選手。その特徴は何よりも、丸みを帯びた豊かなボディです。中煎りでも、深煎りでも、深いこくがブレンドにプラスされます。メインも脇役もこなせる豆です。ただ、よいコロンビアは値が張ります。

●ケニア――加えることで華やかな印象に

ケニアはブレンドを一気にレベルアップさせる魔法の豆ですが、これも高価。全体の2割も入れれば、フルーツ感豊かでかつ複雑な味わいのブレンドになります。フレーバーだけでなく、質感もかなりよくなります。特別感を出したいシーズナルブレンドに活躍する豆です。

●エチオピア、インドネシア
――ブレンドにインパクトをつける

エチオピアとインドネシアは、それぞれブレンドに2割程度入ると、ブレンドの雰囲気ががらりと変わるインパクトのある豆です。エチオピアはシトラス感やフローラル感を、インドネシアは力強さとこくをもたらします。この2つの豆もシーズナルブレンドに効果的に使うことができます。エチオピアの代わりに、ルワンダやブルンディを使用しても、同様の効果を得られます。インドネシアの代わりに、スパイシーな風味をもつパプアニューギニアを使ってもよいでしょう。

季節のイベントに合わせてブレンドをつくろう！

丸山珈琲では、季節ごとの定番ブレンドに加え、クリスマスやバレンタイン、
母の日や父の日など、季節のイベントに合わせたオリジナルブレンドも提案している。

▶「ひなまつり」をテーマにしたブレンドをつくる

1 テーマから味をイメージし、ベースの豆を決める

「ひなまつりのイメージ」をスタッフと話し合う。話合いのなかで、「素朴」「奥ゆかしさ」「ハレの日の華やかさ」という言葉が出てきた。「それでは、ベースはフローラルな香りの豆を使いましょう」と丸山さん。ここでは、"コーヒーの女王"と呼ばれるエチオピア・イルガチェフェをベースに採用。

2 ベースに合わせる豆をセレクト

エチオピア・イルガチェフェに合い、かつ「素朴」「奥ゆかしさ」のある豆を3種選ぶ。華やかな印象のグアテマラ・エスペランサ農園の豆、同じくダークチョコレートとベリー系の風味をもつグアテマラ・エルプルテ農園の豆、トロピカルフルーツを思わせるホンジュラスをセレクトし、それぞれエチオピア6に対して4の割合でブレンドする。

3 カッピング

3つの組合せについて、粉に挽いた状態、湯を注いで表面に浮いた粉をかき分けた状態、実際に飲んだ味わいなどをチェック。おいしさだけでなく、ひなまつりのイメージとも照らし合わせながら、ベストな組合せを探す。

4 イメージと味のすり合わせ

「ホンジュラスとの組合せが、味のバランスがよくて飲みやすかったですね。でももうひと味プラスしたら、ぐんとよくなりそう」と丸山さん。そこで、エチオピア・イルガチェフェとホンジュラスを6対4でブレンドしたものをベースに、新たな豆を加えることに。

5 さらに豆をブレンド

新たな豆の候補は、グアテマラ・エスペランサ農園の豆、香り豊かなケニア、ダークチョコレートのような風味のグアテマラ・サキシム農園の豆、こくのあるインドネシア。それぞれベースのブレンド8に対して2の割合で配合する。イメージに合わせて基本となる2種類の豆でしっかり土台をつくり、プラスアルファの豆を加えるのがポイント。

6 ふたたびカッピング

2割加えただけで味わいに深みが増した。「イメージに近いのはグアテマラのエスペランサかサキシムかな。ケニアはおいしいけれど、原価が高いから販売価格も高くなってしまう」と丸山さん。エスペランサとサキシムは甲乙つけがたく、さらにカッピングを重ねてベストマッチを模索。フレンチプレスやドリップなど抽出方法も変えて検討する。

抽出①

エスプレッソ

素材に対する理解が味に表れる

スペシャルティコーヒーの豊富な品ぞろえだけでなく、ジャパン バリスタ チャンピオンシップをはじめとする競技会で多くの入賞者を輩出し、優秀なバリスタを擁することでも知られる丸山珈琲。しかし、丸山珈琲がエスプレッソマシンを導入したのは2002年、バリスタの育成に力を入れはじめたのは06年からと、意外にも同店のエスプレッソの歴史は浅い。

「1990年代後半からコーヒーの産地に目を向けるようになり、南米やアフリカの産地に行くことが多くなりましたが、その際、ヨーロッパやアメリカを経由しなければならず、自然と消費国を訪ねる機会も増えました。現地のコーヒーショップを視察するうちに、エスプレッソドリンクの重要性を強く感じるようになりました」と丸山さん。とくに丸山さんが感銘を受けたのが、カナダ・バンクーバーの「カフェ アルティジャーノ」と、アメリカ・ポートランドの「スタンプタウン コーヒー ロースターズ」。「カウンターの中にはバリスタが4人いて、4連のエスプレッソマシン2台がフル稼働している。それでも対応しきれないくらいの繁盛ぶりで、お客の列が店の外まで続いている。それを見たときに、日本でもそういう時代が来るんじゃないかと思いました」。

*

「エスプレッソに関しては、何のバックグラウンドもなかった」と言う丸山さんが最初にとり組んだのは、“バリスタの先生”を探すことだった。

「技術を身につけるには、正しい知識をもった先生から学ぶのがいちばん」と丸山さん。社内でバリスタを育成するにあたり、どのタイプの先生を呼ぶかをまず考えたという。というのも、当時は大きく分けて3つのタイプのバリスタが存在していた。一つは、バール文化の本家本元のイタリア系。もう一つは、セカンドウェーブを牽引していたシアトル系。それから、ワールド バリ

左／一般的なエスプレッソが深煎りの豆を使用しているのに対し、丸山珈琲ではスペシャルティコーヒーの風味を生かすため、中深煎りから中煎りの豆を使用。フルーツを思わせる酸味を引き出しているのが特徴だ。「とはいえ、あまり酸が強すぎても飲みなれないお客さまには敬遠されてしまうので、最近は焙煎やブレンドを見直し、甘みを中心とした味にシフトしています」と丸山さん。エスプレッソの味も、お客の反応を見ながら日々改良している。

エスプレッソのよし悪しは、クレマの状態を見てもわかる。きれいな茶褐色であること、つやがあること、厚みがあること、などがチェックポイントだ。味をみる際には、かならずスプーンでかき混ぜ、カップの底の液体と上面の液体を均一に混ぜること。20 ～ 30 秒の抽出時間でも、出はじめと終わりでは味が異なるからだ。

スタ チャンピオンシップで上位を占めていた北欧系。はたして丸山珈琲がコーチとして招いたのは、デンマーク出身で、2002年のワールド バリスタ チャンピオンシップで優勝したフリッツ・ストーム氏だった。

「北欧のエスプレッソは、その当時から、若干煎りの浅い豆を使用していました。良質な素材の味を生かす文化があるのかなと感じていました」と丸山さんは話す。丸山珈琲の最大の特徴は、スペシャルティコーヒーを前面に打ち出している点。エスプレッソも、スペシャルティコーヒーの魅力を伝える表現の一つであり、コーヒー豆の知識がなければおいしいエスプレッソを淹れることはできないと丸山さんは考えている。

「実際、フリッツに教わってわかったことは、エスプレッソもコーヒーだということ。当初は、それこそフィルターバスケットに詰める粉の量や、タンピングの回数、抽出時間などにこだわっていましたが、それらは絶対的な価値基準ではなかった。フリッツが最初に当店に来たとき、『なぜこんなに高品質な豆がそろっているのか。こんなによい豆があるのなら、どんどん淹れてみよう』とコーヒーに注目していた。その考え方に共感しました」。

*

丸山珈琲には、エスプレッソの抽出に関してのマニュアルはない。「たとえば、フィルターバスケットに詰めるコーヒー粉の量も、一概に何グラムが正しいとは言いきれません。使用する豆の種類や鮮度によって、調整が必要なのです」と話すのは、東京セミナールームのマネージャーを務める櫛浜健治バリスタ。

大切なのは、フィルターバスケットに詰めたコーヒーの味がきちんと抽出できているかどうか。使用する豆の本来の味を引き出すには、豆の状態や抽出する環境に合わせて挽き方や使用量などをつねに見直す必要があり、それはマニュアルでは対応できないと櫛浜バリスタは言う。

しかし、ある程度の基準がなければ、味にばらつきが出てしまうのでは？　その問いに対して櫛浜バリスタは「グラム数や時間ではなく、“コーヒーの味”が基準であるべき」と話す。「たとえば、ホンジュラスはどんな味なのか、コスタリカにはどんな特徴があるのか。今使用している豆が本来どんな味かをスタッフ同士が共有できていれば、ばらつきはなくなるはず。逆に言えば、マニュアルをつくって、基準通りのグラム数や抽出時間で淹れたとしても、そのコーヒーの本来の味を知らなければ、そのエスプレッソがおいしいかどうか判断することはできません」。

「エスプレッソは、コーヒーを表現する手段の一つ」。その丸山珈琲の姿勢を表しているのが、店舗で提供している「本日のエスプレッソ」だ。フィルターバスケットに詰める豆は、日々変わる。同店のバリスタは、その豆のキャラクターに合わせて、挽き方や詰める粉の量を微調整する。常時約 20 種類ものシングルオリジンのコーヒー豆をそろえる丸山珈琲、営業で培われたスタッフのコーヒーの知識が強みになっている。

丸山珈琲では、オリジナルブレンドで淹れるエスプレッソのほか、日替わりの豆で淹れる「本日のエスプレッソ」も提供。この 2 種類をセットにした「エスプレッソ飲み比べセット」も用意している。

▶メッシュの調整

粗挽き　中挽き　細挽き　エスプレッソ挽き

「メッシュ」とは、粉の粒の大きさをさす。メッシュが細かいほどコーヒーの表面積は大きくなるので、コーヒーの成分が抽出されやすくなり、味わいは濃厚になる。逆にメッシュが大きいほどコーヒーの表面積は小さくなるので、すっきりとした味わいになる。写真は左から、粗挽き、中挽き、細挽き、エスプレッソ挽き。店によっては、もっと細かく分類していたり、呼び方が違ったりすることもある。また、グラインダーの機種が違えばダイヤルの設定も異なるし、刃の消耗具合によって同じ設定でも挽き目が変わることもある。そこで丸山珈琲では、粗挽き、中挽き、細挽き、エスプレッソ挽きそれぞれの、同店の基準となるサンプルを用意。挽いた豆とサンプルを比較し、同じ粒度であることを目視で確認することにより、品質の安定に努めている。

▶エスプレッソの抽出プロセス

1 ドーシング

コーヒー粉をフィルターバスケットに入れる作業を「ドーシング」と言う。バスケットにまんべんなく粉を入れること、また、周囲に粉をこぼさず、意図した一定量を入れるように心がける。

2 レベリング

「レベリング」とは、指やてのひらを使って粉をならすこと。マシンから粉を落とす場合、どんな高性能なマシンであっても若干のブレはあるため、この段階で粉の量を調整する。

3

ドーシングの粉量を一定に保つために、練習の際は秤で計測することも必要だ。粉量は、丸山珈琲ではダブルで 18 ～ 22 g を目安に、豆の種類や状態に合わせて微調整している。

4 タンピング

フィルターバスケットに粉を入れたら、専用の道具（タンパー）を使って上から強い力を加え、粉を押し固める。この作業を「タンピング」と言う。なるべく垂直に力を加え、全体を均一に押し固めるのがポイント。

5

エスプレッソマシンにポルタフィルターを装着する前に、かならず 2 ～ 3 秒湯を流す。前回の抽出の際にマシンの抽出部分に付着した粉を落とすのが、その理由。また、抽出にベストな湯温に調整するという意味もある。

6 抽出

粉を詰め、タンピングをしたら、すぐにマシンにポルタフィルターを装着し、即抽出を行う。

抽出の“よい例”

抽出時間は20～30秒。クレマを含め抽出量が30㎖に達したら、湯を止める。よい状態のエスプレッソは、写真のように、ハチミツが落ちるようにゆっくりと流れる。これは、9気圧という圧力により、コーヒーの油分と水分が乳化し、液体に粘度が出るためだ。

抽出の“悪い例”

写真は抽出時間の短い例。湯が粉の中をはやく通過しているので、乳化しておらず、液体は水っぽい。フィルターバスケットに詰めた粉の粒度が粗い、または粉の量が少ないなどの理由が考えられる。逆に、抽出時間が長いと余計な雑味が出てしまうので注意。

▶エスプレッソの機材と道具

エスプレッソマシンを選ぶ基準は、第一に性能。湯温やスチーム力が安定していて、つねによい状態のエスプレッソ、カプチーノをつくることができるのが大事。一方で、丸山珈琲ではスタッフにバリスタ チャンピオンシップへの参加を奨励しているので、大会認定マシンを積極的に導入している。写真は「シモネリ アウレリアII T3」。

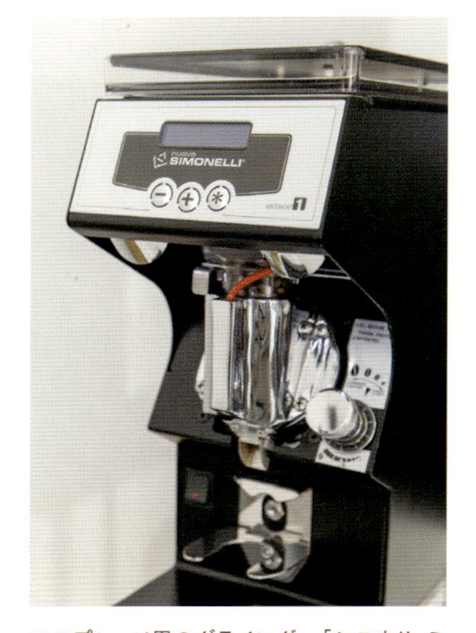

エスプレッソ用のグラインダー「シモネリ ミトス ワン クライマプロ」。粉の挽き目の調整はダイヤル式で、無段階に調節可能。クーリングファンとヒーターが内蔵されているので、粉の温度を一定に維持することができる。

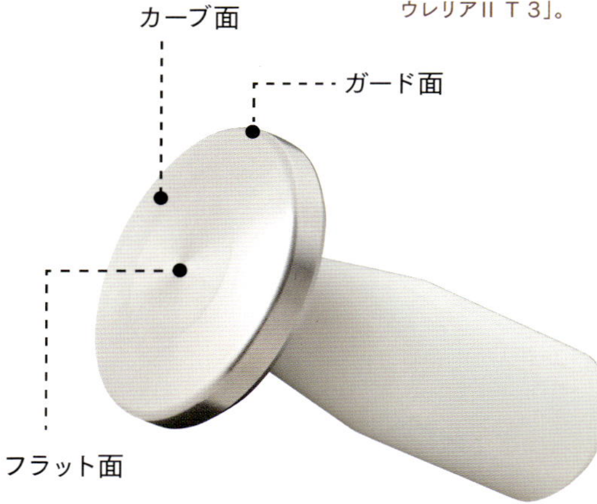

丸山珈琲オリジナル「Mカーブタンパー」。タンパーには、粉を押す面が水平なフラットタイプと、中央を頂点にゆるやかな弧を描くカーブタイプの2種類があり、フラットタイプはタンピング時に垂直に押しやすい、カーブタイプは押したときにゆがみが生じても湯が中央を流れやすいという利点がある。Mカーブタンパーは、中央をフラット、その周辺はゆるやかなカーブにして、それぞれの利点をとり込んでいる。さらに縁の部分（ガード面）の角をとり、フィルターバスケットに接する粉の縁の部分が若干高くなるようにしている。湯が金属製のフィルターと粉の隙間に入るのを防ぎ、より均一にコーヒーを抽出できるように工夫されている。

コーヒー粉などを計量する秤は、0.1g単位まで量れるものを使用。日本では材料を量らなくても一定の品質を保てることに職人性を見出す傾向があるが、欧米では秤を使って正確な分量でコーヒーを淹れることにプロフェッショナルを見出す傾向がある。

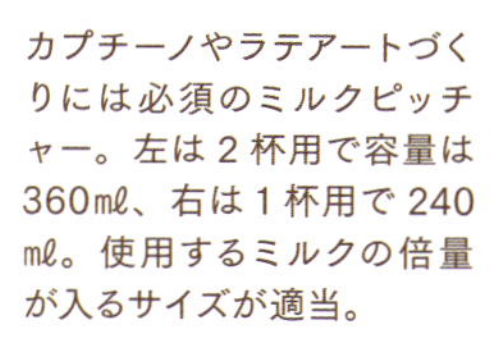

カプチーノやラテアートづくりには必須のミルクピッチャー。左は2杯用で容量は360mℓ、右は1杯用で240mℓ。使用するミルクの倍量が入るサイズが適当。

抽出②

カプチーノ

コーヒーを引き立てるミルクの3つのポイント

日本でエスプレッソが日常的に飲まれるようになったのは、今から約20年前。セカンドウェーブを牽引していた「スターバックス コーヒー」をはじめとするシアトル系コーヒーショップの上陸を機に、エスプレッソメニューが日本の喫茶市場を席巻しはじめた。とりわけ、ミルクの甘みを生かしたカプチーノやカフェラテは、広く一般に浸透。チョコレートソースやフレーバーシロップなどを加えたメニューのひろがりも、エスプレッソメニューが市民権を得るのに大きく貢献した。今では、黒糖ラテ、抹茶ラテなど日本オリジナルのメニューも数多く見かけられる。

しかし、日本のサードウェーブを牽引している丸山珈琲には、ミルクを使ったバリエーションメニューは少ない。メニューブックにあるのは「カプチーノ」と「本日のカプチーノ」、「アイスラテ」、「本日のアイスラテ」の4品のみ。その理由を丸山さんは、「当店のいちばんの特徴は『コーヒー』なので、メニューはコーヒーが中心。ミルクはコーヒーとの相性がよいので、カプチーノとアイスラテをラインアップしていますが、ミルクはあくまでコーヒーを引き立てるもの。ミルクが主役になるようなメニューは提供していません」と話す。

ミルクを使用するカプチーノだが、主役はあくまでもコーヒー。おいしいカプチーノをつくるには、クオリティの高いエスプレッソを淹れることが大前提だ。

本日のカプチーノは、旬のコーヒー豆を使用したエスプレッソでつくるカプチーノ。エスプレッソ用のオリジナルブレンドを使用する定番の「カプチーノ」に対し、比較的浅めの焙煎のシングルオリジンを使用している。世界の産地から直接良質な豆を仕入れている丸山珈琲ならではのメニューと言える。「エスプレッソであれば産地ごとのコーヒーの個性が際立ちますが、ミルクを入れたカプチーノでもその違いをお客さまにわかっていただけるか、発売当初は不安でした」と丸山さん。しかし、丸山さんが思った以上にお客はコーヒーの味に敏感で、常連客を中心に好評を得ているという。丸山さんいわく「おいしいカプチーノとは、使用しているコーヒーのキャラクターがしっかり感じられるもの」。「確かにミルクはカプチーノのおいしさの一つですが、主役はコーヒー。ですから、おいしいカプチーノをつくるためには、ミルクのおいしさを追求するのではなく、コーヒーの味を引き立てるミルクをつくらなければなりません」。

*

コーヒーの味を引き立てるミルクとは？　櫛浜バリスタは、ミルクのスチーミングのポイントを3つ挙げる。

①ミルクの温度

ミルクを熱しすぎると、飲んだときにミルクの液体とフォーム（泡）が分離しているように感じる。これは、スチームの時間が長いほど液体の温度は上がるが、空気であるミルクフォームの温度はそれほど上がらないという、その温度差によるものだ。また、ミルクの温度が高すぎると、コーヒーの繊細なフレーバーが感じられず、苦みだけが際立ってしまう。丸山珈琲では、「飲みものとして飲みやすい温度」ということも踏まえて、ミルクの適温を 60 ～ 65℃としている。「もちろん、合わせるコーヒーによっては、もう少し低め（高め）の温度のほうがよりコーヒーの個性が感じられるということもあります。あくまでも目安の数字としてとらえてください」。

②ミルクフォームのきめ細かさ

ミルクフォームのきめが細かいほど、飲んだときの食感はなめらか。カプチーノが多くの人に支持されている理由の一つに、口あたりのやわらかさがあるが、それはきめ細かな泡の舌ざわりと、泡がコーヒーの苦みや酸味を包み、甘みを引き出してくれることによる。きめ細かなミルクフォームをつくるには、高度な技術が必要だ。丸山珈琲では、カプチーノをお客に提供できるようになるまで、少なくとも1年はかかるという。きめ細かなミルクフォームは、ラテアートを美しく仕上げるうえでも必須である。

③ミルクフォームの量

カプチーノの満足感を高めるためには、一定量のミルクフォームが必要だ。なめらかな食感がカプチーノの醍醐味だが、ミルクフォームが少なければ、その独特の質感を味わうことができず、またミルクフォームの量が少ないぶん液体のミルクの割合が高くなるので、コーヒーの味が薄くなる。コーヒーの濃度を一定に保つうえでも「ミルクフォームは、厚さ1㎝以上は必要」と櫛浜バリスタは言う。

ミルクのスチーミングは、カプチーノづくりの成否を分ける大きなカギ。ふわふわとしたきめ細かな泡をつくるには、ノズルから出る蒸気を利用してピッチャーの中のミルクをかき回し、表面を泡立てずに少しずつ空気を含ませることが大事。そのためには、ノズルをさし込む位置や角度の見極めが重要だ。写真は、櫛浜バリスタによるスチーミング。ノズルの先端をピッチャーの中央より右斜め手前にさし、スチームを全開にして、様子を見ながらほんのわずかに上下に動かすだけ。ノズルを頻繁に動かすと粗い泡ができるので注意すること。てのひらをピッチャーの底と側面に添え、適温（60 ～ 65℃）を感じたらスチームを止める。

ラテアートに挑戦！

ミルクを注ぐスピードや向きを変えるだけで、カップに躍動感のあるデザインが浮かび上がるラテアート。
ハート、チューリップ、リーフと、それらを組み合わせた、ラテアートの基本のデザインを紹介しよう。

▶ハートを描く

1 エスプレッソとフォームドミルクを合わせる前に、エスプレッソが入ったカップを傾け、クレマをカップの縁に寄せる。同時にフォームドミルクが入ったピッチャーを揺らして、泡と液体をなじませる。

2 クレマの下に潜り込ませるように、カップの中央にミルクを注ぐ。

3 液面がカップの８分目の高さに達したら、ピッチャーの注ぎ口をカップに近づけ、ピッチャーを軽く左右に数回振る。

4 ピッチャーを左右に細かく振りながら、ミルクフォームの白い円を大きくしていく。

5 液面がカップの縁までせり上がってきたら、ピッチャーを少し持ち上げ、手前から奥にスーッと細くミルクを注ぐ。

6 ピッチャーの注ぎ口を少しずつ上に傾けながら、円の中央を切るようにミルクを注いで、ハートの先端をしっかりと描く。

▶3 連チューリップを描く

1 エスプレッソを抽出したカップの中央にフォームドミルクを注ぐ。

2 液面がカップの8分目の高さに達したら、ピッチャーの注ぎ口をややカップの奥にずらして、ピッチャーを軽く左右に数回振り、クレマとミルクフォームのひだをつくる。

3 カップの表面にミルクフォームが浮かび上がったらピッチャーの注ぎ口を上げ、その手前に小さなミルクの円を描く。

4 さらにその手前に、3よりもさらにひと回り小さな円を描く。それぞれの円の間隔は、しっかりあけること。

5 ピッチャーを少し持ち上げて、手前から奥にスーッと細くミルクを注ぐ。

6 それぞれの円の中央を切るようにして注いだら、ピッチャーの注ぎ口を上げる。繊細なラテアートをつくるときも、カップの中ではエスプレッソとミルクがきちんと混ざるように、ある程度の勢いをキープしてミルクを注ぐこと。

▶リーフを描く

1 エスプレッソを抽出したカップの中央にフォームドミルクを注ぎ入れる。

2 液面がカップの半分の高さに達したら、ピッチャーの注ぎ口をややカップの奥にずらし、液面に近づけて、ピッチャーを左右に大きく振る。ピッチャーを左右に一定のリズムで振りつつ、振り幅を小さくしながら、ピッチャーの注ぎ口を奥から手前に移動させる。

3 液面がカップの縁までせり上がってきたら、ピッチャーを少し持ち上げ、手前から奥にスーッと細くミルクを注ぐ。

4 浮かび上がったミルクフォームとクレマのひだの、中央を切るようにして注いだら、ピッチャーの注ぎ口を上げる。ピッチャーを細かく左右に振れば、それだけきめ細かなクレマとミルクフォームの層ができる。

▶リーフとチューリップを描く

1 エスプレッソを抽出したカップの中央にフォームドミルクを注ぎ入れる。液面がカップの半分の高さに達したら、ピッチャーの注ぎ口をややカップの奥にずらし、液面に近づけて、ピッチャーを左右に小きざみに振りながら、カップの奥半分にリーフを描く。

2 浮かび上がったミルクフォームとクレマのひだの、中央を切るようにしてミルクを注ぐ。やや小さめのリーフが完成。

3 カップの手前部分にミルクを注ぎ、小さな円を描く。

4 位置をずらしてその手前にもう一つ小さな円を描き、2つの円を貫くように手前から奥にミルクを注ぎ入れ、チューリップ柄をつくる。複数の絵柄を描く場合、対流で絵柄がゆがみやすいので、描く位置やタイミングに気をつける。

丸山珈琲では、エスプレッソ系メニューを含めて約50品のコーヒーメニューを提供しているが、そのうちフレンチプレスで提供するものは約30品。メニュー表でもフレンチプレスを前面に打ち出しており、フレンチプレスでの抽出をメインとしている。

抽出③
フレンチプレス
コーヒーの個性をダイレクトに楽しむ

丸山珈琲がフレンチプレスで抽出したコーヒーの提供をはじめたのは2002年。「スペシャルティコーヒーを扱っていくなかで、よりコーヒーの特徴を表現できる抽出法はないかと考えていたときに、出合ったのがフレンチプレスでした」と、丸山さんは言う。今ではコーヒーの抽出法の一つとしてひろく普及しているフレンチプレス。しかし、当時は日本ではまだ認知度が低く、フレンチプレスを使用するコーヒー専門店も少なかった。

丸山珈琲がフレンチプレスを採用した理由は2つある。一つは、フレンチプレスには金属製フィルターが使用されていること。金属製フィルターを使用した場合、コーヒーの油分や微粉が漉されずに、抽出液と一緒に出てしまう。ペーパーやネルで濾過したコーヒーに比べれば、その味わいはクリアとは言えないが、そのぶんコーヒー豆の個性をダイレクトに感じられる。とくに、明確に差が出るのが、香りだ。表面に浮く油分に香気成分が含まれているので、「フルーツのような香り、花のような香りといった、コーヒーの繊細な香りが、フレンチプレスで淹れたコーヒーにはより強く感じられる」と言う。

もう一つの理由は、コーヒーの抽出が非常に簡単であること。丸山珈琲の事業の核はコーヒー豆の販売で、いかに家庭でコーヒーを飲んでもらうかが企業成長のカギだ。「家庭でコーヒーを淹れることの心理的ハードルをどれだけ下げられるか。その点で、簡単にコーヒーを淹れられるフレンチプレスは、非常に魅力的でした」と丸山さんは言う。

*

ところが、フレンチプレスを導入した当時、お客の反応はかんばしいものではなかった。当初は、ドリップとフレンチプレスの両方を採用しており、お客が抽出法を選択できるようにしていた。しかし、注文をとる際に、お客に「フレンチプレスで淹れたコーヒーは、液面に油が浮きます。コーヒーの微粉も液体に多少混ざりますが、よろしいですか」と断りを入れると、大多

フレンチプレスは、湯を入れるポットに、金属フィルターつきのふた(プランジャー)をとりつけた抽出器具。丸山珈琲で使用しているフレンチプレスは、ボダム社(デンマーク)の製品で、容量は350㎖。カップ2杯分のコーヒーを提供している。

コーヒーの表面に浮く油分には、香気成分が含まれている。フレンチプレスでの抽出は、ペーパーやネルフィルターで濾過した場合よりも、より抽出液に油分が含まれやすい。

数のお客がドリップコーヒーを注文。フレンチプレスを導入したものの、お客はフレンチプレスで淹れたコーヒーを飲もうとはせず、結果として導入前と変わらない状況が続いた。

そこで 03 年に丸山さんはドリップコーヒーの提供をやめ、フレンチプレスのみにすることを決断。「思いきりました（笑）。『なんでこんなことをするの。もう来ないわよ』と言うお客さまもいました。でも、そのくらいやらないと、自分のやりたいことは伝わらないと思いました」と丸山さんは話す。

フレンチプレスに切り替えたことにより、それまでの常連客は離れていったという。しかし、方針を変えず独自のスタイルを貫くうちに、離れていったお客がまた来店するようになった。次第に、フレンチプレスで淹れたコーヒーにお客も親しみを覚えるようになり、フレンチプレスのコーヒーは丸山珈琲の大きな特徴となっていった。

「上質なコーヒー豆はフレンチプレスで抽出する」。サードウェーブと呼ばれる今のコーヒーブームでは、そんな風潮も生まれているが、丸山珈琲ではその 10 年前からフレンチプレスでの提供を開始。フレンチプレスの普及に努めてきたのである。

▶フレンチプレスコーヒーの抽出プロセス

1
コーヒーの粉（中粗挽き、16～18g）をポットに入れ、熱湯（94℃）をポットの半分の高さまで注ぐ（1投め）。

2
約 30 秒蒸らす。

3
30 秒経過したら、ポットの上から 1.5 cmの高さまで湯を注ぐ（2 投め）。

4
ふたをして 3分30秒、コーヒーが抽出されるのを待つ。

5
プランジャーをゆっくり押し下げる。

6
味を確認してから、お客のテーブルに運ぶ。客席でカップにコーヒーを注ぎ、フレンチプレスを添える。

▶コールドメニューのつくり方

アイスコーヒー

丸山珈琲では、アイスコーヒーをつくるときも、コーヒーの抽出はフレンチプレスで行う。抽出の仕方はホットで提供する場合と同様だが、使用するコーヒー豆（中挽き）は 28 gとホットの倍近い分量。コーヒーを抽出したら、氷を入れたコーヒーサーバーに熱いコーヒーを、茶漉しで漉しながら、氷にあてるようにして注いで急冷する。マドラーなどでかき混ぜて、コーヒーがしっかりと冷えたら、氷を入れたグラスに注いで提供する。氷でコーヒーが薄まるので、コーヒー豆を多く使うのがポイントだ。

アイスラテ

エスプレッソと冷たいミルクを合わせたアイスラテ。グラスに氷を入れ、抽出したエスプレッソ 30mℓを氷の上に注ぎ、冷たいミルクを加える。「熱いエスプレッソを氷で急冷すると、エスプレッソの風味が逃げません」と丸山さん。氷が溶けると水っぽくなってしまうので、保冷性の高いダブルウォールグラスで提供する。エスプレッソやカプチーノと同様、日替わりの豆を使用した「本日のアイスラテ」も用意。ほかにエスプレッソを使用したコールドメニューに、エスプレッソを水で割った「アイスアメリカーノ」がある。

抽出④
ドリップ
コーヒーオイルも抽出する金属製フィルターを使用

店舗では、サーバーを秤にのせ、時間を計りながら抽出する。

金属製フィルター「コレス」で淹れたドリップコーヒー。よく見ると液面に油が浮いているのが見える。金属製フィルターは、紙や布フィルターよりも、コーヒー豆の油分を抽出しやすい。この油分に、コーヒーの繊細な香りがとじ込められている。

フレンチプレスの導入を機に丸山珈琲ではドリップコーヒーの提供を控えていたが、2013年12月オープンの西麻布店では、再度ドリップコーヒーをメニューにラインアップしている。ドリップコーヒーをあらためて導入した理由の一つは、ドリップ用の金属製フィルター「コレス」(㈱大石アンドアソシエイツ製）が開発されたことだ。「スペシャルティコーヒーの味を伝えるためにも、金属製フィルターにはこだわりたかった。『コレス』ができたから、ドリップコーヒーをラインアップに加えたのです」と丸山さんは言う。

そして、もう一つの理由が、お客にさらなるコーヒーの楽しみ方を提案するため。「フレンチプレスを推奨して約10年が経ち、ようやくご家庭でも丸山珈琲の豆をフレンチプレスで楽しまれる方が増えてきました。当店としては、次のステップとして、金属製のドリッパーで淹れるコーヒーを提案して、多様なコーヒーを楽しんでもらおうと考えました」。

ここ数年、サードウェーブという言葉に代表されるように、コーヒーが注目され、お客のコーヒーに対する知識も高まっている。「コーヒー専門店は、ステップアップするお客の要望に対応できるよう、新しい技術や知識を身につけ、つねにお客さまの興味をかき立てる提案をしていく必要がある」と丸山さん。14年2月にオープンした長野店でも、ドリップコーヒーをラインアップ。コーヒーの多様な楽しみ方を多くのお客に伝えている。

㈱大石アンドアソシエイツが開発した「コレス」は、純金で二重コーティングされた金属製フィルター。淹れ方は、ネルやペーパーフィルターを使ったドリップとほぼ同様。

▶ドリップコーヒーの抽出プロセス

1 温めておいたコーヒーサーバーの上にフィルタースタンドと金属製フィルターをセットし、フィルターにコーヒー粉（中挽き、21gで300㎖を抽出）を入れる。

2 粉の中央付近に湯（91℃）を注ぎ、粉全体を湿らせる。1投めの湯量は、使用する粉量と同じで21g程度。

3 40秒ほど蒸らしたら、2投め。円を描くようにしながら、黒い縁にかからないように、少しずつ湯を注ぐ。同様にして、液面が下がりきらないうちに、3～5投めを注ぐ。

4 抽出し終えたら、サーバーの中のコーヒー液をかき混ぜて濃度を均一にし、カップに注いで提供する。

高温で抽出するサイフォンコーヒーは、コーヒーの香りが強く出るのが特徴。コーヒーの油分も液体に溶け出しやすく、「豆のポテンシャルを生かすスペシャルティコーヒーの時代に向いた抽出法だと思います」と丸山さんは話す。

抽出⑤

サイフォン

高温短時間抽出はスペシャルティコーヒーと好相性

サイフォンは、水の気化と液化の状態（気圧）変化を利用したコーヒーの抽出器。下部のフラスコに水を入れて加熱し、沸騰したところでふたをすると、フラスコ内の気圧が上がり、湯が上部のロートに押し上げられる。ロートに移動した湯は、そこでコーヒーの粉と接触し、撹拌によって混ざり、抽出が行われる。下部の蒸気で満ちたフラスコを火（熱源）から外すと、フラスコ内の気体が外気によって冷却されて気圧が下がり、ロート内のコーヒー液がフラスコに吸引される。これが、サイフォン抽出の仕組みだ。耐熱ガラスでできたロートとフラスコが上下になった器具は演出効果も高く、ひと昔前は、多くの喫茶店がサイフォンを導入していた。

「じつは私も、プロとして最初に提供したコーヒーは、サイフォンでした」と丸山さん。丸山珈琲をオープンする前、妻の実家が経営していたペンションにサイフォンがあったので、最初はそのサイフォンでコーヒーを淹れていたのだという。

しかし、その後オープンした丸山珈琲では、ドリップ、フレンチプレス、エスプレッソとさまざまな抽出法を導入してきたが、サイフォンコーヒーは提供しなかった。「私の前の世代ではサイフォンが一世を風靡していましたが、私が店をオープンした当時はすでに下火になっていました。当時は深煎りのコーヒーの人気が高く、深煎りのコーヒーをおいしく淹れるには、低温抽出が向いているとされていました。低温で時間をかけてじっくり抽出することで、コーヒーの甘みやこくが引き出されるからです。一方、サイフォンは90℃以上の高温短時間抽出。深煎りの豆には向いていないと思いました」。

＊

しかし、21世紀に入り、スペシャルティコーヒーが注目されると、焙煎は豆の個性を生かす浅煎り～中煎りが主流に。また、

2種のガラスパーツを上下に組み合わせたサイフォン。下の球状のガラスパーツ（写真手前）を「フラスコ」もしくは「下ボール」と呼び、上部の筒状のガラスパーツ（奥）を「ロート」もしくは「上ボール」と呼ぶ。

サイフォンの熱源は、アルコールランプやガスバーナーなどの炎と、光サイフォンのようなランプの熱の2つに大別される。写真は、ハロゲンランプを使用したボンマック社の光サイフォンテーブル5連式で、ジャパン サイフォニスト チャンピオンシップなどの競技会でも使用されている機種だ。

2007年ごろから海外では抽出法を選択できるコーヒーショップが話題を集め、ドリップやサイフォンコーヒーが注目されはじめた。その波は日本にもやって来て、すでにいくつかのコーヒーショップでは抽出法を選択することができる。

丸山珈琲でも、コーヒーはフレンチプレスとエスプレッソを中心としていたが、13年の西麻布店オープンを機に、一部店舗でドリップコーヒー（金属製フィルター使用）も導入。そして、14年秋にオープンしたMIDORI長野店では、サイフォンコーヒーをラインアップに加えた。社内では、エスプレッソマシンを操るバリスタだけでなく、サイフォニストの育成にも努めている。

「ドリップやサイフォンといった昔ながらの抽出法が逆輸入され、ふたたび注目されています。また、スペシャルティコーヒーは浅煎りのほうが豆の個性が生きるので、高温短時間抽出のサイフォンでもその魅力を引き出すことができる。当店も、新しい方向性として、サイフォンにチャレンジしてみようと思いました。お客さまには、いろいろなアプローチでコーヒーを楽しんでいただきたいですね」と丸山さんは話している。

円盤状の金具に濾過布をとりつけたサイフォン用のネルフィルター。写真のようにフィルターの鎖をロートの筒に通して下に引き、引っかけるようにしてとりつける。ヘラで押すなどしてしっかり固定する。

▶サイフォンコーヒーの抽出プロセス

1 フラスコに水（写真は1杯分160㎖）を入れ、加熱。ロートにフィルターをセットしておく。湯が沸騰する前に、フラスコにロートを斜めにさし込んでおくと、フィルターの鎖部分から細かい泡が出て突沸防止になるほか、沸き具合を目視で確認できる。

2 湯が沸いたら、ロートに中細挽きのコーヒー（15ｇ）を入れ、ロートをフラスコにしっかりと固定する。フラスコ内の気圧が上がり、湯が上部のロートに移動しはじめる。ロートに湯が半分ほど移動したら、ヘラで粉と湯を撹拌して粉からガスを抜き、粉に湯を浸透させる。撹拌は、粉を左右にではなく、上下に回転させるようにして泳がせるのがポイントだ。

3 フラスコの湯がロートに上がりきる手前で撹拌をやめ、20～30秒おいてコーヒーを抽出。コーヒー液と粉、ガスの3層に分かれているのが見てとれる。

4 熱源を止め、2回めの撹拌。コーヒー液がフラスコに落ちる際、微粉がフィルターに詰まらないように、ヘラで数回撹拌して濾過の準備を行う。

5 一定時間火（熱源）を遠ざけると、フラスコ内部の気体が冷却されて気圧が下がり、ロート内のコーヒー液がフラスコに吸引される。

6 コーヒー液が完全に落ちたら、ロートを外し、フラスコの中のコーヒー液をカップに注ぐ。湯が沸騰してからカップに注ぐまでの所要時間は1分10秒ほど。提供までの時間が短いのもサイフォンの特徴だ。

競技会とバリスタの育成

スペシャルティコーヒーの伝道者を育てる

2014年にイタリア・リミニで開催されたWBCで見事チャンピオンに輝いた井崎英典バリスタ。みずから生産地に出向き、生産者と打合せを重ね、土壌、品種、生産処理の方法などを検証して、エスプレッソに向く理想の豆をつくったという。バリスタと生産者とのつながりをテーマにしたプレゼンテーションも高い評価を得た。

スペシャルティコーヒーを広く一般に啓蒙するバリスタの育成を目的として開催されるジャパン バリスタ チャンピオンシップ（JBC）。JBCは日本スペシャルティコーヒー協会が主催するコーヒーの競技会で、2002年からスタート。競技者は、制限時間15分のなかで、エスプレッソ、カプチーノ、エスプレッソを使用した創作ドリンク「シグネチャービバレッジ」の3種類のドリンクをそれぞれ4杯提供する。味覚評価だけでなく、提供するまでのすべての作業内容の適切性、正確性、一貫性などが評価され、優勝者は翌年開催されるワールド バリスタ チャンピオンシップ（WBC）に日本代表選手として出場する権利を得る。

丸山珈琲からも毎年数名のバリスタがJBCに出場し、09年から13年までは5年連続で優勝者を輩出、WBCへと送り出してきた。とくに14年6月のWBCでは、井崎英典バリスタが初の日本人チャンピオンとなり、大きな話題となった。同年9月に開催されたJBCでも、鈴木樹バリスタと櫛浜健治バリスタが決勝に出場。それぞれ3位、5位という好成績を収めた。

＊

出場選手がプレゼンテーションを組み立てるうえで最初にしなければいけないのは、使用する豆を選ぶこと。「その点では、丸山珈琲には常時20種類ものスペシャルティコーヒーがあり、社長も好きな豆を使っていいと言ってくれますから、非常に恵まれた環境だといえます」と鈴木バリスタは言う。

鈴木バリスタは14年のJBCでは、ボリビアのアグロ・タケシ農園の豆を使用。「アグロ・タケシは、ほんとうに面白いコーヒーだと思います。09年にこのコーヒーに出合ってから、毎年抽出するたびに新たな発見があります。今回の私のテーマは、そのアグロ・タケシのすばらしさを、カップに表現すること。そのために、クリーンカップをエスプレッソにおいても追求して、カッピングのときに感じたアグロ・タケシのすべてを感じてもらいたいと思いました」(鈴木バリスタ)。

一方、櫛浜バリスタはエチオピア・チェンベを使用。この豆を選んだきっかけとなったのは、店舗で提供している「本日のカプチーノ」だという。ミルクに合わせるエスプレッソを検証していたとき、チェンベでカプチーノをつくってみたところ、液体の粘性が増し、バナナシェークのような味を感じたという。「豆の違いでこんなにカプチーノの印象が変わることに衝撃を受け、カプチーノやエスプレッソの抽出を見直すきっかけになりました。この大会では、私が経験したその驚きを皆さんと共有したいと思いました」と話す。

使用する豆を決めたら、その豆の魅力を最大限に引き出せるよう、焙煎の仕方やエイジングの日数、抽出方法を検証する。この点でも、焙煎工場をもつ丸山珈琲は有利だ。焙煎スタッフとの打合せを重ね、さまざまな焙煎度合を試して理想の味を追求したという。

「競技会に出場するには、自分がこの豆を使って何を伝えたいのか、深く掘り下げて考えなければなりません。『なぜその豆を使おうと思ったのか?』。その問いに、多くの人が『味が好きだから』と答えると思います。しかし、そんな答えの奥には、もっと深い理由があるはずです」と鈴木バリスタ。それをとことん追求し、さらには自分とコーヒーとの出合いにまでさかのぼって、なぜバリスタになったのか、バリスタになって何がしたかったのか、というところまで突き詰め、コーヒーに向き合うことが求められるという。

丸山さんは、「日常業務でももちろん技術を磨くことはできますが、競技というかたちになるとより集中力が高まり、潜在能力が発揮されます。ふだんの自分の業務についても深く向き合うことになるし、練習しながら日々の業務もこなしていくことでマネジメント力もつきます。スタッフの育成には絶好の機会だと思います」と競技会に出る意義を語る。

バリスタは、コーヒーのメッセンジャー。ひろく世の中にスペシャルティコーヒーを伝えるうえで、バリスタの重要性はますます高まるだろう。丸山珈琲では、スペシャルティコーヒーのメッセンジャーの育成にも余念がない。

2014年のJBC準決勝でのプレゼンテーション。鈴木樹バリスタは、JBC2010年、11年の優勝者であり、WBC11年(コロンビア・ボゴタ大会、53ヵ国中5位)、12年(オーストリア・ウィーン大会、54ヵ国中4位)にも出場。現在はバリスタ兼リーテール地域ディレクターとして、東京、神奈川、山梨の計4店舗の統括・運営サポートを行っている。

櫛浜健治バリスタは、2009年ジャパン ラテアート チャンピオンシップの優勝者で、とくにカプチーノの評価は高い。現在は、バリスタ兼丸山珈琲東京セミナールームのマネージャーとして、セミナーを企画したり、講師を務めたり、さまざまなアプローチからスペシャルティコーヒーの普及に努めている。

丸山珈琲について

1991年、知人が経営する喫茶店を借りて営業をはじめた丸山珈琲は、
今や長野、山梨、東京、神奈川に9店舗のカフェを展開。
正社員45名（パートスタッフを含めると140名）を抱えるコーヒー企業に成長した。
「独自のルートで買い付けるスペシャルティコーヒーが、当社の最大の強み。
より多くのお客さまにスペシャルティコーヒーを味わっていただき、
コーヒーのほんとうのおいしさを知ってもらいたい」と丸山さん。
積極的に店舗展開を進めているのも、まだ日本に紹介されていない高品質の豆を、
より多くのお客に味わってもらいたいから。
居住性の高い落ち着いた空間で、産地で選りすぐったコーヒーを、
高い技術をもつバリスタが抽出する。
高品質な商品と、きめ細かなサービス、そしてラグジュアリーな空間が
丸山珈琲のブランドイメージを高め、それがコーヒー豆の販売力強化につながっている。

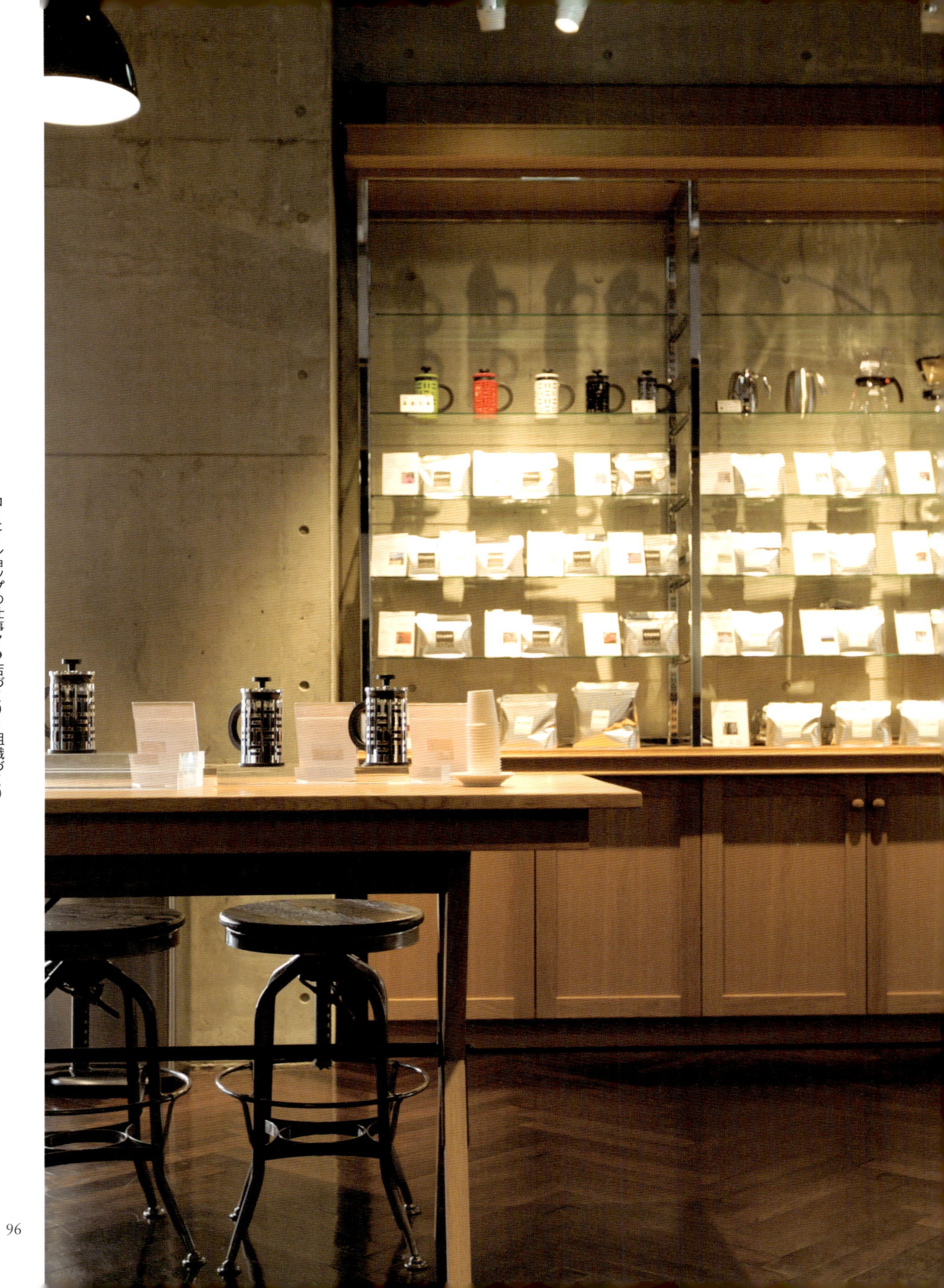

店づくり・組織づくり

スペシャルティコーヒーを伝えるには

「もともとコーヒーより紅茶党でした」と笑う丸山さん。高校卒業後、インドやイギリスなど世界各地を放浪していた丸山さんがコーヒーに関わるようになったきっかけは、帰国後に喫茶店でアルバイトをしたこと。結婚を機に妻の実家のある長野・軽井沢に移り、1991年4月、知人が経営する喫茶店「柊」(軽井沢町追分)を借りて営業をはじめたのが「丸山珈琲」のはじまりだ。

焙煎職人を志したきっかけは、東京の自家焙煎コーヒー店で、コーヒーのおいしさに感動したこと。最初は、中華鍋、それから手網、手回しの焙煎機と道具を変えて、ごく少量を焙煎。そうするうちに大きな釜がほしくなり、アルバイトをしてお金を貯め、㈱富士珈機の3kg釜を手に入れた。

「『名店』と呼ばれる店をつくりたい。そんな思いで焙煎にとり組んでいました」と丸山さん。3kg釜で焙煎した豆を数ヵ月に一度、都内の自家焙煎コーヒー店のオーナーにチェックしてもらいつつ、自己流で焙煎の技術を磨いた。当時は、朝は豆を焙煎し、昼は喫茶店の営業、夜は豆の配達をして、夜遅くに帰宅する生活だったという。

仕事に追われながらも、やりがいのある毎日。「しかし、今ふり返ると、コーヒーの世界の一部しか見ていなかったような気がします」と丸山さんは言う。転機が訪れたのは99年。自家焙煎コーヒー店オーナーのグループ「珈琲屋メーリングリスト」(のちの「珈琲の味方塾」、現「ジャパンロースターズネットワーク」)を知り、丸山さんもグループの一員となってコーヒーの情報交換をするようになる。そして、そこでアメリカスペシャルティコーヒー協会を知った。

2001年、丸山さんはアメリカスペシャルティコーヒー協会が主催するカンファレンスに参加。世界のコーヒー業界は自分の考えよりずっと進んでいることを目のあたりにした。「それまで当り前のように業者から生豆を購入していましたが、世界のトップのコーヒー店のオーナーは、みずから産地を訪ね、直接買い付け

創業の地である軽井沢の森をイメージしたロゴマークには、店名の頭文字「M」がかくれている。

コーヒー豆のラインアップは、季節によって変わるが、常時約30品。各国の生産地のとくにすぐれた農園・生産者のロットを紹介する「グランクリュ（特級畑）」、個性あふれる単一農園や生産処理場の豆を紹介する「シングル」、定番と季節ごとに替わる「ブレンド」の3シリーズで展開している。

ていたのです。自分は、日本でトップをめざしていたつもりだったので、焦りました」。

さらに、カリフォルニアの「ピーツ コーヒー&ティー」の焙煎工場を見学したことも、大きな衝撃だった。広い工房に麻袋に入った生豆が山積みに置かれ、ドイツ・プロバット社の60kg釜3台が、5人の焙煎士によってフル稼働。当時の焙煎最高責任者だったジム・レイノルズ氏は焙煎をせず、最後のテイスティングを行うだけだったが、そのコーヒーがとてもおいしかった。「オーナーが焙煎してこそ自家焙煎のおいしさが出ると信じ、コーヒーの質と規模は反比例すると考えていた根本がくずれた瞬間でした。焙煎はチームでできる。だからこそ、世界のトップの店のオーナーは産地を頻繁に訪れ、高品質な豆を入手することができるのだと思いました」。

*

これを機に、丸山さんの焙煎に対する考え方は180度変わったという。「おいしいコーヒーにとって、もちろん焙煎も大切な要素だけれど、いちばん重要なのは豆だと思います」と丸山さん。豆は、珈琲の味方塾のメンバーとともにオークションで落札したスペシャルティコーヒーに移行し、世界中の生産地にも足を運ぶようになった。一方、海外出張中は、焙煎や店の運営をスタッフに任せるので、スタッフ教育も課題となった。

また、個人で生豆を仕入れる場合は、一度に15t以上が基本。そのためには販売量を増やして、かつ品質を安定させる必要がある。そこで、04年夏に焙煎機をプロバット社の12kg釜に変え、08年11月にオープンした小諸店ではスマートロースターの35kg釜を導入。13年にはさらにスマートロースターの70kg釜を導入し、現在はこの35kgと70kg釜の2台で焙煎を行っている。

複数の店舗を展開しているのも、豆の販売力を高めるため。「以前は通販で豆を売っていこうと考えていましたが、通販で食品を売るのは意外と難しい。お客さまは、とくに口に入れるものを買うことには慎重で、実際に味わったことがない商品にはそう簡単には飛びつきません」と丸山さん。そこで、実店舗を出店し、認知度を高め、それが通販にもつながるように方針を変更。15

店舗の一角には試飲スペースを設け、旬のコーヒーを淹れたフレンチプレスと紙コップを用意。5種類前後のコーヒーをセルフサービスで提供している。

年８月時点では、長野に５店、山梨に１店、東京に２店、神奈川に１店の計９店舗を展開している。

「実際に店に来ていただき、コーヒーの味に満足していただければ、当店への“信用”が生まれます。きめ細かなサービスや高級感のある店づくりは、ブランドの“格”になり、それらが販売力につながります」と丸山さん。店舗はいわばスペシャルティコーヒーのアンテナショップとしての役目もはたしている。

スタッフ教育に力を入れているのも、丸山珈琲の特徴。小諸店にはバリスタ専用のトレーニングルームも設置しており、02年の世界チャンピオンのフリッツ・ストーム氏を招いて講習会を開くなど、バリスタの育成にも熱心だ。

豆の買付けから焙煎、抽出、販売まで、コーヒーのすべての仕事に携わり、「フロム シード トゥ カップ」を実践している丸山珈琲。コーヒーの新たな世界をひろげている。

各店舗には、同社のバリスタが、ジャパン バリスタ チャンピオンシップ、ジャパン サイフォニスト チャンピオンシップをはじめ、さまざまな競技会で獲得したトロフィーをディスプレー。トップクラスのバリスタが淹れるコーヒーを店で飲めるというのも、丸山珈琲の強みだ。

丸山珈琲の歩み

1991年 4月	丸山珈琲創業（軽井沢町追分の喫茶店「柊」を借りて営業開始。のちに妻の実家が経営していたペンションを軽井沢本店とする）
2001年	カップ・オブ・エクセレンスのオークションに参加
2005年 7月	有限会社化
8月	リゾナーレ店オープン
2006年	バリスタの育成に注力 ジャパン バリスタ チャンピオンシップ初出場
2008年11月	小諸店オープン。スマートロースター 35kg釜導入
2009年 6月	ハルニレテラス店オープン コーヒーセミナーを開始 ジャパン バリスタ チャンピオンシップ初優勝
2010年	ワールド バリスタ チャンピオンシップ初出場
2011年12月	東京セミナールームオープン
2012年10月	尾山台店オープン ジャパン サイフォニスト チャンピオンシップ初出場
2013年 3月	スマートロースター 70kg釜導入
12月	西麻布店オープン ジャパン サイフォニスト チャンピオンシップ初優勝 ワールド サイフォニスト チャンピオンシップ準優勝
2014年 2月	長野店オープン
11月	株式会社化
11月	MIDORI 長野店オープン ワールド バリスタ チャンピオンシップ初優勝
2015年 8月	鎌倉店オープン

丸山珈琲　ショップリスト

長野、山梨、東京、神奈川に計9店舗を展開する丸山珈琲。
各店、立地に合わせて内装デザインを変えているが、
いずれも落ち着きのある空間で、充実した物販コーナーをもっている点は共通している。
物販コーナーにはかならず試飲スペースを設け、旬のコーヒー豆をアピール。
スペシャルティコーヒーにフォーカスをあてたコーヒーショップとして、
コーヒー市場におけるポジショニングを明確にしながら展開している。

軽井沢本店

丸山さんの妻の実家が経営していたペンションがクローズすることになり、ここでカフェを開くことに。敷地内に焙煎小屋をつくり、小諸店がオープンするまではここで焙煎を行っていた。18席の客席は、ペンションのダイニングスペースを改装。木目を基調にした落ち着いた内装で、まるで知人の家を訪ねたかのようなアットホームな雰囲気が魅力だ。冬場は静かだが、夏は観光客が押し寄せ、店内はにぎやかに。

長野県北佐久郡軽井沢町軽井沢 1154-10
TEL 0267-42-7655
営業時間／10時～18時
定休日／火曜（祝日の場合は営業、8月は無休）

リゾナーレ店

2005年8月に㈱星野リゾートが展開するリゾートホテル「リゾナーレ八ヶ岳」内にオープンした2号店。店舗は約10坪とコンパクトだが、物販スペースは充実している。カフェは、お客がカウンターで注文し、スタッフが商品を席まで運ぶセミセルフスタイルを採用。12年に改装し、客席を10席から14席に増やした。

山梨県北杜市小淵沢町 129-1
TEL 0551-36-6590
営業時間／8時～19時
定休日／リゾナーレ八ヶ岳に準ずる

ハルニレテラス店

2009年6月に㈱星野リゾートが展開する商業施設「ハルニレテラス」内にオープン。店前には小川を望む施設共用のテラス席があり、店内からもハルニレの木々が見える絶好のロケーション。同店は丸山珈琲唯一のブックカフェ。スタッフがセレクトした雑誌や書籍は、カフェで自由に読めるほか、販売も行う。43坪50席。

長野県北佐久郡軽井沢町星野ハルニレテラス内
TEL 0267-31-0553
営業時間／8時～19時
定休日／無休

小諸店

2008 年 11 月オープン。小諸店は、自動車ディーラーを改装した大型店で、焙煎工場やバリスタのトレーニングルームも併設。エントランスはコーヒー豆やコーヒー関連器具の販売スペースで、左側にガラス張りの焙煎工場、右側にカフェがある。焙煎工場には 70kgと 35kgの 2 台の焙煎機を導入。お客は焙煎の様子を間近に見ることができる。カフェ（50 坪 51 席）は、天井が高く、客席もゆったりとした配置で、まるでホテルのロビーを思わせるようなぜいたくな空間。大きなガラス窓から浅間山を一望できる、眺望のよさも売りだ。内装や家具のデザインは、㈱ユナイテッドパシフィックスに依頼。小諸店以降に出店した店舗はすべてユナイテッドパシフィックスがデザインを手がけている。

長野県小諸市平原 1152-1
TEL 0267-31-0075
営業時間／9 時～ 20 時
定休日／無休

東京セミナールーム

2009年より一般のお客やコーヒー関係者を対象にしたコーヒーセミナーをスタートし、11年に直営のセミナー施設をオープン。コーヒーの淹れ方やカッピングの手法などのセミナーを月に5～6回開催している。丸山さんの他、バリスタ　チャンピオンシップで好成績を収めているスタッフがおもに講師を務める。

東京都世田谷区尾山台3-31-1 101号室
TEL 03-6805-9975

尾山台店

2012年10月にオープンした東京1号店。通信販売の顧客リストを調べたところ東急線沿線に住むお客が多かったことから尾山台に出店。実際、ギフトなどの需要が多く、豆の売上げが全体の6割を占めるという。店舗は15坪14席。都会の住宅地にありながら本店のある軽井沢を彷彿させる、落ち着きのある内装に仕上げた。

東京都世田谷区等々力2-18-15
TEL 03-6432-2640
営業時間／10時～21時
定休日／無休

西麻布店

2013年12月オープン。店舗は、東京・西麻布の飲食店が密集する華やかなイメージと、高級住宅街を抱える落ち着いた雰囲気を意識してデザイン。入口付近の壁を物販コーナーにあて、約30種類のコーヒー豆をずらりと陳列。店内の一角には、セミナーやイベントに活用できるフリースペースも確保。平時は試飲スペースとして、常時5種類ほどのコーヒーをセルフサービスで提供している。また、アメリカ・ソルトレイクのメーカー、アルファ・ドミンチェが開発した「スチームパンク」を導入。これは、蒸気圧を利用して湯を上下させ、均一な蒸らしと撹拌によってコーヒーを抽出する新型マシンだ。この他、日本茶や中国茶などの実験的なメニューもラインアップしている。50坪40席。

東京都港区西麻布3-13-3
TEL 03-6804-5040
営業時間／8時～21時
定休日／無休

長野店

2014年2月オープン。長野県内で約30店舗を展開している食品スーパーマーケット「ツルヤ」青木島店内に立地。商業施設への出店に関しては、丸山珈琲のカラーが出しにくいこともあって積極的ではなかったが、幹線道路沿いの立地で商圏が広く、長野市以外からの集客も見込めることから出店を決めた。スーパー内とはいえ、独立したスペースを確保しており、店内は木を基調とした明るくモダンな雰囲気。立地柄、豆を買うお客が多いと見込んで、物販コーナーを広くとった。スーパーに買い物に来たお客が立ち寄ることも多く、ギフトなど高額商品がよく売れるのもこの店の特徴だ。48坪38席。

長野県長野市青木島4-4-5 青木島ショッピングパーク1F
TEL 026-214-8740
営業時間／9時30分～20時
定休日／無休
※営業時間、定休日は青木島ショッピングパークに準ずる

MIDORI 長野店

2014年11月オープン。長野駅ステーションビル「MIDORI」の3階に立地。軽井沢本店をイメージし、和の雰囲気もとり入れたクラシックな内装が印象的だ。メニュー面では、丸山珈琲初の試みとして、サイフォンコーヒーを導入。サイフォンは演出効果も高く、コーヒーの注文の7割を占めているという。23坪24席とコンパクトな店舗ながら、土産需要を見込んで物販コーナーも充実。コーヒー豆は既存店と同様の品ぞろえで、なおかつ同店のオリジナルブレンドとして、県花のりんどうをイメージした「りんどうブレンド」（中煎り）と、県木の白樺をイメージした「白樺ブレンド」（深煎り）の2種類も用意。

長野県長野市南千歳1-22-6　MIDORI 長野 3F
TEL 026-217-6690
営業時間／10時～20時
定休日／無休
※営業時間、定休日は MIDORI 長野に準ずる

鎌倉店

2015年8月オープン。10坪のスタンド式店舗で、コーヒー豆やコーヒー関連器具を販売する他、フレンチプレスやエスプレッソをベースとしたコーヒーを提供する。

神奈川県鎌倉市雪ノ下1-10-5
営業時間／9時～19時（季節により異なる）　定休日／無休

丸山珈琲の喫茶メニュー（西麻布店のラインアップ）

丸山珈琲の喫茶メニューは、50品を超えるコーヒーが中心。
フレンチプレスとエスプレッソは全店共通で、
店によってドリップやサイフォン、
スチームパンクといった抽出法を選ぶこともできる。
各店、立地に合わせた店舗オリジナルブレンドを用意しているのも特徴だ。
ケーキやパンなどのフードメニューは、地域に密着したいという考えから、
各エリアの人気店に製造を依頼している。

カフェのメニュー表。スペシャルティコーヒーがずらりと並ぶさまは、まるでワインリストのよう。

フレンチプレスコーヒー　約30品　596円～
フレンチプレスアイスコーヒー　4品　689円～
おすすめシングルアイスコーヒー　689円～

エスプレッソ（ディカフェも可）　566円
カプチーノ（ディカフェも可）　617円
アイスラテ（ディカフェも可）　596円
アイスアメリカーノ（ディカフェも可）　596円

本日のエスプレッソ　617円
本日のカプチーノ　617円
本日のアイスラテ　596円
本日のアイスアメリカーノ　596円
エスプレッソ飲み比べセット　669円
エスプレッソ・カプチーノ飲み比べセット　853円

シーズナルブリュワーズ
- 金属フィルター「コレス」　約3品　769円～
- スチームパンク　フレンチプレスコーヒーの価格＋100円

ソフトドリンク
- 信州産りんごジュース　596円
- ホットミルク／アイスミルク　514円
- 中国茶　875円
- 茶師十段の日本茶　702円

フード
- ケーキ、パン、焼き菓子　約16品　309円～
- アフォガード　648円

※メニューのラインアップと価格は2015年7月時点のもの。

蒸気圧を利用した浸漬式の抽出マシン「スチームパンク」。丸山珈琲はフレンチプレスとエスプレッソを主力としているが、西麻布店ではドリップ（金属製フィルター使用）やスチームパンクなどの抽出法も選べる。

西麻布店で使用するコーヒーカップ

❶エスプレッソ用のカップは、クレマが長い時間持続するよう、口径が大きすぎず、かつ保温性の高い厚手のものを使用する。
❷カプチーノ用のカップ。エスプレッソとミルクのハーモニーが生まれるよう、170㎖のカップを使用。
❸フレンチプレス用のカップ。フレンチプレスの容量に合わせて、コーヒーがちょうど2杯飲めるサイズに。
❹スチームパンク、ドリップコーヒーは、ポットを添えて提供。フレンチプレスは2杯分楽しめるので、それに合わせてスチームパンクやドリップコーヒーも2杯分を提供している。

西麻布店オープンに合わせて開発した「西麻布ブレンド」。飲食店が多く華やかなイメージがある反面、高級住宅街を擁する落ち着いた雰囲気もある西麻布の二面性を表現したという。丸山珈琲では、各店でオリジナルのブレンドを用意している。

濃厚なエスプレッソとなめらかなフォームドミルクが調和するカプチーノ。ケーキやパンなどのフードの製造は、地域の店と連携したいという考えから、各エリアの人気店に依頼するのが丸山珈琲の方針。

西麻布店では、コーヒー以外の選択肢として、日本茶や中国茶も用意。日本茶は、「しもきた茶苑大山」（東京・下北沢）の茶師十段、大山泰成氏がセレクト。「スペシャルティコーヒーを追求していくなかで、ワインやお茶、パンやケーキなど、さまざまなジャンルの方たちとの交流も生まれ、視野がひろがっていくのを実感しています」と丸山さん。コーヒーに限らず、良質な製品を店舗で紹介している。

アイスクリームにエスプレッソをかけて食べる「アフォガード」は、丸山珈琲の人気デザートメニュー。エスプレッソは２ショット分をピッチャーに入れて提供する。専用のガラスの器が高級感を演出している。

コーヒーの言葉（用語解説）

【アラビカ種】

コーヒー3大原種の一つ。コーヒーの木（コーヒーノキ）は現在約80種が確認されているが、コーヒー豆として飲用されているのは、このアラビカ種、カネフォラ種（おもにロブスタ）、リベリカ種の3種で、そのうちアラビカ種が世界の生産量の約70%を占めている。香味にすぐれ、品質は3種のなかではいちばんよいとされている。アラビカ種には、ティピカ、ブルボンなどの原種の他、カトゥーラ、ムンド・ノーボ、カトゥアイなどティピカやブルボンの突然変異種や交配種があり、多くの栽培品種がある。

アラビカ種の主要品種

- **ティピカ**…………エチオピアが起源。インドネシア、オランダ、フランスを経て、マルティニーク島へと伝播。
- **ブルボン**…………ティピカの突然変異種。イエメンからレユニオン島へと移植された木が起源とされる。黄色い果実のイエローブルボンなどもある。
- **ゲイシャ**…………エチオピア原産の野生種。1960年代に中米に伝わった。
- **カトゥーラ**………ブラジルで発見された、ブルボンの突然変異種。
- **ムンド・ノーボ**…スマトラ（ティピカの亜種）とブルボンの自然交配種。
- **カトゥアイ**………ムンド・ノーボとカトゥーラの人工交配種。
- **パカマラ**…………ブラジルのマラゴジッペ（ティピカの突然変異種）とエルサルバドルのパカス（ブルボンの突然変異種）の人工交配種。
- **カティモール**……ハイブリッドティモール（アラビカ種とカネフォラ種の交配種）とカトゥーラの人工交配種。

【煎り止め】

焙煎を止めるポイント。最終的に豆を焙煎し終える時点で計測される温度のことを、煎り止め温度と言う。

【カッパー】

カッピングをする人。

【カッピング】

コーヒーの品質を評価すること。抽出液の香りや、酸味、甘み、苦みなどの風味、質感などをチェックする。

【カップ・オブ・エクセレンス】

生産国で年に一度行われる、コーヒー豆の国際品評会。国内および国際審査員がカッピングを通して審査し、平均85点以上の高評価を得た豆にカップ・オブ・エクセレンスの称号が授与される。上位に入賞したロットは、インターネットオークションで販売される。

【カップクオリティ】

コーヒーの抽出液の品質。

【クレマ】

エスプレッソを抽出したときにできる、表面をおおうクリーミーな泡の層。

【クロップ】

作物としての生豆、また収穫年や収穫された時期を表す際にも使われる。産地で2015年に収穫された生豆は2015年クロップ、消費国では翌年の収穫まで使用するため、2015～16年クロップと言う。「ニュークロップ」は新豆を意味する。

【コーヒーチェリー】

コーヒーの果実のこと。サクランボに似ていることからこう呼ばれる。コーヒーチェリーの中にある種子が、コーヒー豆となる。

【サードウェーブ】

1990年代後半に現れた、アメリカのコーヒー業界のムーブメント。おもに、生産者と直接交渉をしてコーヒー豆を仕入れるダイレクトトレードへの流れ、そしてその豆を自家焙煎し、お客の好みに合わせてバリスタが抽出するトレンドをさす。シカゴの「インテリジェンシア コーヒー」、ポートランドの「スタンプタウン コーヒー ロースターズ」、ダーラムの「カウンター カルチャー コーヒー」などがこのサードウェーブを切り拓いた。ちなみに、ファーストウェーブは、19世紀末からコーヒー豆の大量生産が可能になり、アメリカで日常的にコーヒーが飲まれるようになった時期。セカンドウェーブは、1980～90年代にかけて、シアトルで創業した「スターバックス コーヒー」をはじめとする“シアトル系カフェ”がブームになった時期をさす。

【シングルオリジン】

コーヒー豆の生産地域、農園、品種、生産処理法などが特定でき、ブレンドされていないものを言う。「ストレートコーヒー」がブラジルやコロンビア、キリマンジャロというように、おもに生産国の名前やエリアの名前で呼ばれるのに対して、シングルオリジンは農園名や品種、生産処理法を開示し、よりトレーサビリティを明確にしている。

【スペシャルティコーヒー】

生産地域、農園、品種などが明確で、カッピングで良質で個性的な香味をもつと評価されたコーヒー。確固とした定義はないが、これまでの産地の標高や豆の大きさといった評価基準ではなく、カップクオリティを重視している点が特徴的。

【生産処理】

生産処理とは、熟したコーヒーチェリーの果皮や果肉、パーチメント（内果皮）をとり除き、生豆の状態にすること。精製とも言う。生産処理法は大きく分けて「ウォッシュト」（水洗式）、「ナチュラル」（非水洗式）、「パルプトナチュラル」の3つがある。生産処理法の違いで、コーヒーの風味も変わってくる。

- **ウォッシュト**
  コーヒーチェリーを貯水槽に入れて石や葉などの異物をとり除き、パルパーと呼ばれる専用の機械で果肉をとる。発酵槽に入れて、とり残された果肉やミューシレージ（パーチメントの表面をおおっている粘液質）を自然発酵させたあと水洗いして、内果皮に包まれたパーチメントコーヒーの状態で乾燥させる。乾燥したら、パーチメントをむき、種子をとり出す。コーヒーは澄んだ味わい。
- **ナチュラル**
  コーヒーチェリーを果実ごと乾燥させたのち、果肉とパーチメントをとり除く、非常にシンプルな生産処理法。コーヒーは独特の甘みや香りがある。
- **パルプトナチュラル**
  コーヒーチェリーをパルパーにかけて果肉をむき、ミューシレージがついたままの状態で乾燥させる。乾燥したら、パーチメントをむき、種をとり出す。ミューシレージのことを中南米では「ミエル」（ハチミツ）と呼ぶため、「ハニープロセス」と呼ばれることも。味の傾向としては、ウォッシュトとナチュラルの中間と言える。

【生豆（なままめ）】

コーヒー果実を精製して、果肉やパーチメントをとり除いた種子。

【パーチメント】

コーヒーの内果皮。果肉と銀皮（シルバースキン）の間にある、茶褐色の薄い皮。パーチメントがついた豆を、パーチメントと呼ぶことも。パーチメントがついたままのパーチメントコーヒーは、風味劣化が少ないため、この状態で流通することもある。

【焙煎方式】

焙煎機のタイプによって豆を加熱する方法は異なり、直火式、半熱風式、熱風式の大きく3つに分けることができる。

- **直火式**
  表面に多数穴があいたドラム（豆を煎る釜の部分）に生豆を入れ、ドラムの下の熱源で加熱する。
- **半熱風式**
  穴のあいていないドラムに生豆を入れ、ドラムの下の熱源で加熱。ドラムが熱で温められ、その熱がドラム内の空気を温めて焙煎する。
- **熱風式**
  ドラムから離れた場所にある熱源で空気を熱し、その熱風をドラムに送り込んで生豆を焙煎する。

【ハゼ】

焙煎が進むと、豆の中に炭酸ガスが発生し、豆は膨張。やがて内圧に耐えられなくなった豆の細胞が壊れてパチパチと音を立ててはぜる状態を「1ハゼ」と言う。さらに加熱を続けると、ふたたび豆の内部にガスが発生し、再度はぜる。これを「2ハゼ」と言う。

【パティオ】

コーヒーの天日乾燥場。「中庭」から転じた言葉で、コーヒーチェリーやパーチメントをコンクリートやレンガなどの床にひろげ、乾燥させる。

【バリスタ】

バリスタはイタリア語で、バールのカウンター内でエスプレッソなどのコーヒーを提供するサービスマンを言う。

【微小気候】

特別な地理的環境がもたらす局所的な気候。「局所気候」「微気候」とも言われる。

【フォームドミルク】

蒸気で泡立てたミルク。

【ラテアート】

カフェラテやカプチーノをつくる際、エスプレッソにフォームドミルクを注いで模様や絵柄を描くこと。

丸山健太郎（まるやま・けんたろう）

株式会社丸山珈琲 代表取締役社長
1968年埼玉県生まれ、神奈川県育ち。高校卒業後、アルバイトをしながら海外放浪を続け、英語を身につける。91年に長野・軽井沢で「丸山珈琲」を創業。90年代後半に海外の産地に目を向けるようになり、2001年にカップ・オブ・エクセレンス国際オークションに参加。現在は、年間約150日間を海外でのコーヒー豆の買付けに費やしている。生産国で開催されるコーヒー豆の国際品評会にもっとも参加している国際審査員の1人としても知られる。カップ・オブ・エクセレンス国際審査員、日本スペシャルティコーヒー協会 副会長、ACE(Alliance for Coffee Excellence Inc.)名誉理事。

丸山珈琲の
スペシャルティコーヒーと、
コーヒーショップの仕事

初版印刷　2015年8月1日
初版発行　2015年8月15日

編者©　柴田書店
発行者　土肥大介
発行所　株式会社 柴田書店
東京都文京区湯島3-26-9 イヤサカビル 〒113-8477
営業部　03-5816-8282（注文・問合せ）
書籍編集部　03-5816-8260
URL http://www.shibatashoten.co.jp/
印刷・製本　シナノ書籍印刷株式会社

本書収録内容の無断掲載・複写（コピー）・引用・データ配信等の行為は固く禁じます。
落丁・乱丁本はお取り替えいたします。

ISBN978-4-388-06213-3
Printed in Japan